唐高宗李治传

北溟玉 著

北京时代华文书局

图书在版编目（CIP）数据

唐高宗李治传 / 北溟玉著. -- 北京 : 北京时代华文书局, 2020.1
ISBN 978-7-5699-3461-8

Ⅰ. ①唐… Ⅱ. ①北… Ⅲ. ①唐高宗（628-683）－传记 Ⅳ. ①K827=421

中国版本图书馆 CIP 数据核字（2020）第 009071 号

唐高宗李治传

TANGGAOZONG LIZHI ZHUAN

著　　者 | 北溟玉

出 版 人 | 陈　涛
选题策划 | 梁明德
责任编辑 | 周连杰
封面设计 | 格林文化
责任印制 | 刘　银

出版发行 | 北京时代华文书局　http://www.bjsdsj.com.cn
北京市东城区安定门外大街 136 号皇城国际大厦 A 座 8 楼
邮编：100011　电话：010－64267955　64267677
印　　刷 | 河北盛世彩捷印刷有限公司　0318-6658666
（如发现印装质量问题，请与印刷厂联系调换）
开　　本 | 165mm×230mm　1/16　印　张 | 11　字　数 | 169 千字
版　　次 | 2020 年 5 月第 1 版　印　次 | 2020 年 5 月第 1 次印刷
书　　号 | ISBN 978-7-5699-3461-8
定　　价 | 38.00 元

目　　录

上部（内政篇）· 多情多义多烦忧

下部（外事篇）· 大唐雄风万里扬

多情多义多烦忧

上部（内政篇）

第一章

捡漏拾来的太子

——藩王怎就变成了太子

1. 叛逆青年李高明

太子李承乾既是李世民的长子，也是他的嫡长子。武德二年，因其出生于太极宫承乾殿，故而李世民为他取名承乾，小字高明。承乾者，承继皇业、总领乾坤之意。当时敢给儿子取这个名字，李世民的心和胆真不是一般的大。

按照史书的说法，高明同学“性聪敏”、“特敏惠”、“丰姿峻嶷”、“仁孝纯深”，从小就显示出异于常人的禀赋。其实，这些都是拍马屁的话。在大人眼中，所有的小孩子都很可爱很聪明，随便说点儿什么、做点儿什么，都觉得这娃将来长大了不得了。从长大后的种种表现看，李承乾是一个很平庸的人，和高明搭不上一丁点儿关系。

武德九年十月初八，李世民自己的皇位还没捂热乎，就将李承乾扶上了太子宝座。这里的意思再明显不过了：谁都别惦记了，大唐第三代皇帝就是承乾了。别看李世民自己是夺嫡上位的，但他就想让后代坚持嫡长子继承制。

这事儿听着就不靠谱，很不靠谱！

册立完太子后，中国两千年封建史上的头号教育难题——如何培养一个好太子，就摆到了李世民面前。

李世民的做法与现如今中国父母的做法并无二致。

第一步，你们都懂的，请家教。

历朝历代的帝师团都是云集了彼时学术圈各种大牛的精英班子。高明同学的帝师团也不例外。这是一个长长的名单，有经学界大牛孔颖达（孔子三十一世孙，编纂过经学界的红宝书《五经正义》)，二牛陆德明（给周易做注的），有礼学大师时任礼部尚书李纲，有史学界大咖赵弘智和令狐德棻，以及熟谙政事的萧瑀、张玄素、于志宁、杜正伦等人。一水儿的各界精英、学科带头人。

第二步，压担子，找各种机会让他历练、成长。

贞观四年，李承乾还只有十二岁，李世民就下敕让他断案。“自今以后，诉人惟尚书省有不伏者，於东宫上启，令承乾断决。”这就好比让一个五年级的小学生担任最高法院首席大法官。于是李承乾的压力和辛劳可想而知。

此后，每当李世民外出畋猎或巡幸，几乎都让李承乾监国。我们知道，李世民那可不是一般的爱打猎、爱巡幸。只要国家不打仗，他每年总要出去浪几个月，有时一走就是大半年。所以，小小少年李高明真的是压力山大。

谁说只有穷人家的孩子早当家的？！

据官方报道，李承乾的表现似乎很不错，可圈可点。

一次，李世民让他写治国之策。李承乾提起笔来，“唰唰唰”很快就写满了三页纸。李世民看得美啊，边看边点头：“先论刑狱为重，深得经邦之要也。”我儿作文棒棒哒！

李承乾不仅自己作业写得好，还给老师们布置作业，让孔颖达编撰《孝经章句》，令颜师古注解《汉书》。书成后，他还替老师们上表李世民，请求收入皇家图书馆。李世民欣然诏准。

此外，遍观高明同学历次监国，可以说是态度端正、作风扎实、处置及时、办法得当，从没出过啥大的纰漏和错误。

然而，以上这些都是表象假象，这位唐太子还有着不为大众所知的另一面：大唐第一浪荡公子。

身为太子，富甲天下，却偏偏喜欢偷盗的刺激，指使下人们偷盗百姓家的牛马，烹煮食用。人多锅小，煮肉的速度赶不上吃肉的速度。没关系，太子爷有办法，特制了八尺铜炉和六隔大鼎，问题迎刃而解。

李承乾和他七叔汉王李元昌是同年，二人脾性相投，整日里厮混在一起，大有焦不离孟、孟不离焦的意思。叔侄两都喜欢真人打仗的游戏，常常将手下人分作两队，各领一队，“被毡甲，操手槊，布阵大呼交战，击刺流血，以为娱乐”。李承乾甚至说：“使我今日作天子，明日于苑中置万人营，与汉王分将，观其战斗，岂不乐哉！”

这些李世民都能忍，但接下来李承乾干得荒唐事儿，他就真的接受不了了。

堂堂大唐储君，居然是一位资深哈突青年。李承乾极其推崇突厥文化习俗，不仅以穿突厥衣物、留突厥发式为美，而且还学会了突厥语。东宫中不仅有突厥式的毡房帐篷，甚至还高高飘扬着狼头纛。

当老子的把大唐军旗插到了突厥汗庭，当儿子的却把突厥军旗插进了东宫。

一次，李承乾心血来潮，想 cosplay 突厥可汗的葬礼。他对下人们说："我试作可汗死，汝曹效其丧仪。"说罢，便假装死去，僵卧于地。下人们顿时鬼哭狼嚎，骑着马绕着他转圈圈，不仅从他的身上跨过，还学突厥人的风俗以佩刀划他的脸。李承乾突然坐起，面露由衷的向往："一朝有天下，当帅数万骑猎于金城西，然后解发为突厥，委身思摩，若当一设，不居人后矣。"

大唐太子的人生理想居然只是给突厥可汗当一个设。李世民听说后，瞠目结舌，连连摇头。

那么，李承乾为什么会如此荒唐呢？

可能的原因是这样的：因为天生跛足，他从小内心就十分自卑。按理说，自卑的人容易自闭。但他偏偏是大唐朝一人之下万人之上的二号人物，自卑非但没有导致自闭，反而衍生出一种病态的狂放。当这种狂放撞上青春期以后，更是呈几何级数增长，就成了眼下这个样子。

自己的儿子，自己舍不得训，李世民就经常训七弟李元昌，不仅没奏效，反而搞得李元昌对他很有意见。无奈之下，他只得去捅咕各位帝师："太子生长深宫，百姓艰难，耳目所未涉，能无骄逸乎？卿等不可不极谏。"爱卿们，你们对太子的荒唐举动，不仅要进谏，而且要极谏啊！

其实，帝师团里的各位大师早就在这么做了。其中，尤以于志宁、孔颖达、张玄素三人劝谏最为频繁、最为激烈。不过呢，这三人又有不同。于志宁最腹黑，当着李承乾的面儿不说，背后向李世民告状。李承乾盖房子，他上疏说他奢侈放纵。李承乾喜欢和宦官玩耍，他上疏将他比作秦二世。张玄素最厚道，很少上疏告状，总是当面纠正，并且语气还算缓和，碎碎念苦口婆心的样子。孔颖达介于二者之间，他是既当面指摘又背后告状，而且态度相当强硬，训李承乾就跟训自己儿子似的。

李世民呢，对帝师们的极谏表示高度赞赏和由衷鼓励。大家数落李承乾越狠，他就越开心，赏赐就越丰厚。

可想而知，他们都错了，而且错得很离谱。错就错在没有因材施教上。

甚至可以说，他们只是按照自己的理解一味地瞎搞，却从未认真研究过李承乾这个人。

李承乾和李世民的最大区别在于：他生来就是王者，他是生于深宫长于妇人之手。在他的成长过程中，除了父母对他比较严厉外，其他人对他都是毕恭毕敬的。这就决定了，他不可能接受严厉的训斥。面对帝师们的训斥，他会想，你算老几，敢训我？此外，因为成长于深宫，他的情商其实是比较低的，成熟的速度远慢于常人。说穿了，他就是一个半大孩子，还处于分不清好赖的阶段。他不知道老师们苦口婆心是为他好。他就知道，这帮老不死的成天盯着他，找各种机会训他，真是可恶至极。

而李世民呢，还自以为是地贩售他的帝王经，一个优秀的帝王就应该虚心纳谏，不管是和缓的进谏，还是激切的进谏，只要说得对，就应该必须接受。老学究的帝师们更是觉得，陛下就是你的标杆，陛下能受得了极谏，你身为储君怎么能受不了呢？！

起初，李承乾还有心迎合大人们，做出他们喜欢的各种样子，以受到他们的表扬。但时间久了，人人都来找他的不是。他就只有两个不是了，这也不是和那也不是，真真儿的动辄得咎。

于是，他就受不了了，转而就和老师们对着干。一次，他正在东宫里击鼓玩乐。张玄素闻声而来，叩门切谏。李承乾气坏了，当着张玄素的面儿，将鼓砸了个稀巴烂。有用吗？没用！事后，张玄素上疏告状，他又被父皇训了一顿。

李承乾就想了，如何才能既在父皇面前保持良好形象，又堵住这帮腐儒的嘴呢？没错，大家肯定猜到了，演戏。此后，李承乾就变了。每次听到进谏之言，他就装作十分诚恳地接受，面色凝重，正襟危坐，引咎自责，对对对，是是是，应该应该应该，的确的确的确。但是回到东宫的一亩三分地里后，他就立即跟变了个人似的，继续放纵享乐。

但纸终究包不住火，没过多久，这招也玩儿不转了。帝师们继续围攻他。李承乾恼羞成怒，竟起了杀心。他曾派刺客暗杀于志宁。可是，刺客们看到于志宁家十分清贫，他本人睡在苫席上，觉得这是一位大大的清官，愣是下不去手。但张玄素就没这么幸运了，一次上早朝时，不知从哪儿冒出来个人，用大马棰狠狠给了他几下，差点儿没把他打死。

李世民用脚后跟想都知道是怎么回事儿，但这事儿太丢人了，不能追究，只得含混了过去。他真的很失望。

在让父亲失望的路上，李承乾这个瘸子却是一路狂奔。可狂奔路上不只有他，还有他的亲弟弟李泰。

只不过，人家是在朝反方向奔跑。

2. 文艺骚年李蓝鸟

李泰比李承乾小一岁，生于武德三年，在太宗诸子中行四。他的字很有意思，青雀，通俗地讲，就是蓝鸟。

蓝鸟同学是李世民十四个儿子中最有才华的一个，没有之一。这孩子从小就是一身的文艺细胞，长大后更是“雅好文学，工草隶，集书万卷”，优秀到不行不行的。诸子当中，最能和父皇玩儿到一块儿去的，当属老三吴王李恪；但要说起最能和父皇聊到一块儿去的，肯定就是蓝鸟了。文学、史学、政治学、书法，李世民爱好的这些东西，蓝鸟都喜欢，不仅喜欢，还有很深的造诣。他还是出了名的鉴赏家，就连阎立德、阎立本兄弟的画作，他都能说出个一二三来。如果不是因为过胖，不能骑马打猎，恐怕连李恪都要被他挤到一边了。

当父亲的，都喜欢优秀的儿子。李世民对蓝鸟简直是宠到没边儿了。

李泰身兼文武各类要职，文官方面，什么扬州大都督、鄜州大都督兼了一长串，当然这里面含金量最高的当属雍州牧，也就是首都长安最高行政长官；武官方面，加着左武侯大将军的头衔，还领着地方州的军事，最多的时候他领了二十二州军事。

李泰喜好文学。于是，李世民特批，准许他在魏王府里设立文学馆。蓝鸟因此“得以自引学士”，网罗了一大批人才。这件事情的象征意义极大。因为，当年秦王李世民就是通过创设弘文馆，网罗才俊，最终夺取了天下的。

李泰“腰腹洪大”，走不了几步就气喘吁吁。李世民瞅着心疼，马上下敕，允许他乘轿子直抵朝堂。亲们，要知道根据唐廷礼制，连太子李承乾都要走路上朝。李世民对蓝鸟的宠爱可见一斑。

蓝鸟抱怨自家的后花园太小。李世民听了，马上下敕，将“居地三十顷，周回十七里”的芙蓉园赏赐给他。蓝鸟又说他在东都的王府面积太小。李世民就将东都尚善、旌善两坊合并，赏赐李泰为宅。

此时的李泰，俨然就是当年的李世民，“宠冠诸王”。太子有的，除了太子这个名位外，他都有；太子没有的，他也有。

一介亲王受宠到了这个地步，老臣们就坐不住了。他们担心，李世民的过分宠爱，会让李泰产生非分之想。长幼有序，尊卑有别，必须坚决捍卫亲王和太子之间的鸿沟，不得任其僭越。于是，他们经常在公开场合打压李泰，维护李承乾的绝对权威。

蓝鸟当然也有自己的一帮小伙伴，就去李世民面前挑唆，说什么“三品以上多轻魏王”。

李世民一听，勃然大怒，将朝中所有三品以上大臣叫来，厉声训斥：“隋文帝时，一品以下皆为诸王所顿踬，彼岂非天子儿邪？朕但不听诸子纵横耳，闻三品以上皆轻之，我若纵之，岂不能折辱公辈乎！”啊，隋文帝时代，诸王可以随意戏弄一品以下的大臣。我就不同了，管着我的儿子们，不让他们嚣张跋扈。可是，现在我听说你们这些三品以上的大臣除了太子，不把别的亲王放在眼里，这也太过分了。我要是放纵自己的孩子，你们这些人还不得受辱啊？

三哥仔细翻阅了唐史三大典，李世民很少对重臣大发雷霆，对所有三品以上大员集体发火，见诸史书的只有这么一次。所以，大家都很害怕，连房玄龄都吓得“惶惧流汗拜谢”。

有人就不怕！

还能有谁，当然只能是魏征。“臣窃计当今群臣，心无敢轻魏王者。在礼，臣、子一也。《春秋》：王人虽微，序于诸侯之上。三品以上皆公卿，陛下所尊礼，若纪纲大坏，固所不论；圣明在上，魏王必无顿辱群臣之理。隋文帝骄其诸子，使，卒皆夷灭，又足法乎？”陛下，谁也不敢轻视魏王。但《春秋》早就说过了，周王的人地位再卑微，也在诸侯之上。您刚才说起隋文帝了，孰不知正是因为他娇惯诸子，所以他的儿子们“多行无礼”，最终都不得善终。

讲真，这种话也就魏征敢说。

李世民听了，自觉失态，赶紧找补：“朕以私爱忘公义，向者之忿，自谓不疑，及闻征言，方知理屈。人主发言何得容易乎！”哎呀，我因为私情溺爱而忘记了公义。刚才发火的时候，自以为很有道理，等听了魏征爱卿的话，才知道根本就没道理啊。哎，身为君主，说话可不是件容易的事情啊！

别看他嘴上这么说，心里却仍在置气，怎么的，说鸟儿不讲礼仪？靠，开什么玩笑！我让礼部尚书教他，看你们以后怎么说。

事后，他果真让礼部尚书王珪担任李泰的老师。别看六部尚书中，礼部尚书的实权最小，但在帝王眼中这却是个重要岗位。因为，礼部尚书历来都是给太子当老师的。或者说，够格给礼部尚书当弟子的，有且只有太子。

现在，李世民让王珪给李泰当老师，何尝不是另一种逾越礼制的宠爱？

但没多久，王珪就给李世民提意见了，“三品以上遇亲王于路皆降乘，非礼。”三品以上大员路上遇到亲王时，都要下车站立，这不符合礼仪。

李世民听了，当时就炸毛了，“卿辈苟自崇贵，轻我诸子。”

魏征附议王珪：“诸王位次三公，今三品皆九卿、八座，为王降乘，诚非所宜当。”

接下来李世民说的话之露骨，我都不好意思写。他说：“人生寿夭难期，万一太子不幸，安知诸王他日不为公辈之主！何得轻之！”你们不要只捧承乾，而不把泰儿放在眼里。

王珪就开怼了：“自周以来，皆子孙相继，不立兄弟，所以绝庶孽之窥窬，塞祸乱之源本，此为国者所深戒也。”打从周朝起，只有父子相继，没有兄终弟及，就是为了杜绝庶子觊觎皇位，彻底堵塞祸乱的根源。治国者应当深深引以为戒啊！

李世民沉默良久，最终还是采纳了王珪的意见。此后，三品以上大臣在遇到亲王时，只要在马上或者轿上点头打个招呼就可以了。

老臣们一番好意，一心维护李承乾，为此甚至不惜与李世民正面硬刚。奈何高明同学不长脸啊，一心一意专干不正经的事儿。对比没正事儿的高明，蓝鸟却一心一意只干正事儿。

贞观十二年，李泰上疏，说要编一本《括地志》，详细介绍大唐山川风物。别看大唐已经建立二十余年了，还真没编过国家志。李世民也想知道，自己打下的这片江山到底有多大有多好。所以，对于李泰的提议，他喜出望外，当即应允，并特批相关保障由朝廷担负，“卫尉供帐，光禄司供给饮食”。

一时间，位于长安延康坊的魏王府“大开馆舍，广延时俊，人物辐辏，门庭如市”。

期间，李世民还亲临王府，看望辛苦编书的蓝鸟同学。看望就看望吧，他居然在王府内下诏，大赦雍州长安城斩刑以下的全部囚犯，并免除延康坊居民当年的全部租赋，还赏赐王府僚属和延康坊中的老人们很多东西。

经过三年多努力，贞观十六年正月，李泰献上了完本《括地志》。全书一共550卷，以县为基础单位，详细阐述了全国10道358州（内含41个都督府）1551个县的沿革、地望、得名、山川、城池、古迹、神话传说、重大历史事件等。毫不夸张地讲，真正是做到了一书在手，大唐我有。李世民如获至宝，下令将《括地志》收入皇家图书馆。

哎呀，这个蓝鸟真是太讨他喜欢了。他对蓝鸟的爱，好比一首《对你爱不完》，爱爱爱不完，可以天天月月年年到永远；又好比一首《天天看到你》，天天看到你，是习惯和必须。于是，李世民就萌生了一个想法：让蓝鸟搬入宫中，与他朝夕相处。至于居所嘛，就定在武德殿吧。

可是，他刚表露出这个念头，就招到了魏征的强烈反对："陛下爱魏王，常欲使之安全，宜每抑其骄奢，不处嫌疑之地。今移居此殿，乃在东宫之西，海陵（指李元吉）昔尝居之，时人不以为可；虽时异事异，然亦恐魏王之心不敢安息也。"陛下，你这是鼓励魏王向太子之位冲锋吗？

李世民这才意识到问题的严重性："几致此误。"最终，没有让李泰搬入宫中。

既然不能入宫，那就给钱吧！这一给，又出问题了，李泰每月的供给居然超过了太子。谏议大夫上疏反对，直接指出："庶子虽爱，不得逾嫡，所以塞嫌疑之渐，除祸乱之源也。若当亲者疏，当尊者卑，则佞巧之坚，乘机而动矣。"这话就说得很重了。

老臣们也都是这个意思，爱魏王一定要有度，不要让他产生非分之想。

然后，李世民的处置让所有人都蒙圈了。说他没改吧，不对，因为魏王的供给的确又少于太子哥哥了；可是说他改了吧，也不对，因为他没有动李泰的供给，而是取消了李承乾的开支限制。呐，你们说尊卑应该有别，又没说怎么改，反正我改得不一样不就好了嘛？！

就在李世民暗自得意的时候，帝师们又不干了。自打取消了月供上限后，李承乾越发索求无度，奢侈浪费，"恩旨未逾六旬，用物已过七万"。张玄素上疏劝谏，因此才有了前文被大马棰几乎捶死的事情。

李世民还不知道怎么回事儿嘛，但太丢人了，不好追究，只得含混了过去。

3. 跛子与胖子的 PK

大概从贞观十二年开始，李承乾频繁遭到训斥，反之李泰则经常受到表扬。这种鲜明的对比，世人看在眼里，很难不产生多余的联想。不管是乐见者，还是不乐见者，都隐隐觉得，太宗似有易储之意，魏王夺嫡大有可能。

最要命的是，两个当事人的心理也发生了变化。一方面，李世民有增无减的宠爱和朝野日益高涨的口碑真的让李泰产生了夺嫡的心思。当年，父皇就是以非嫡长子的身份逆袭上位。既然他可以，自己又不比他少个六，为什么不可以？于是，他的野心不可遏止地膨胀起来。另一方面，李承乾有感于弟弟急遽增长且咄咄逼人的威胁，正式将其划到了对立面，准备予以坚决的阻击。

几年间，兄弟两明争暗斗，互相挤兑，日渐势同水火。朝臣们出于自身利益，纷纷选边站队。拥护李承乾的，主要是传统保守力量，以关陇集团中人和大权在握的老臣为主。反之，其他士族集团的人以及年轻且急于上位的官员们，则大多汇聚在李泰的旗帜下。太子党与魏王党逐渐形成。

魏王党的主要代表人物有中书侍郎岑文本、黄门侍郎刘洎、治书侍御史马周、给事中崔仁师、黄门侍郎韦挺和工部尚书杜楚客等人。

大家仔细看看这些人，岑文本和刘洎出自萧梁一系；马周是平民布衣；崔仁师出自山东士族博陵崔氏；韦挺和杜楚客（杜如晦的弟弟）倒是出自关陇集团，可他们一个追随过隐太子李建成，一个是李泰的魏王长史。在关陇集团占据绝对主导地位的朝廷内，这些人都是属于被压制的边缘人群，势单力孤，如履薄冰，他们的政治立场自然倾向于为传统势力所抵触的李泰一方。

从贞观十六年《括地志》编成以后，两党的矛盾开始急剧尖锐起来。跛子李高明和胖子李蓝鸟进入最终对决阶段。

李承乾首先发难，指使人伪装魏王府典签的身份，上书检举李泰的罪恶。李世民勃然大怒，命人抓捕诬告者。结果，连是谁告的都搞不清楚，更别提抓捕了。虽然没有证据，但聪明如李世民已经隐约感到，此事与李承乾脱不了干系。

紧接着，又有人密告太子李承乾与太常寺乐童称心搞基，还与旁门左道秦英、韦灵符二人过从甚密，行谶纬之事。李世民怒上加怒，命人调查。一查，居然是真的，堂堂大唐太子居然有龙阳之癖。李世民气得差点儿没背过气去，命人抓捕称心、秦英、韦灵符等人，全部处死，还狠狠地训了李承乾一顿。李承乾怨恨老父，不仅“于宫中构室，立其像，朝夕奠祭，徘徊流涕；又于苑中作冢，私赠官树碑”，而且，“称疾不朝谒者动涉数月”。朝野议论纷纷，搞得李世民很是没面子。

李承乾认定，称心之死，一定是老四捣的鬼，决议报复。他暗中挑选了一百多名壮士，组成刺客团，日夜训练，准备择机刺杀李泰，为男宠报仇。

事情闹到这般田地，李世民终于回过劲来了，老臣们说的是对的，都怪他没有防患于未然，才酿成今天这种局面。痛定思痛，他觉得，必须得果断采取措施，快刀斩乱麻了。

八月，他在朝堂上公然问群臣：“当今国家何事最急？”

谏议大夫褚遂良立马出班奏道：“今四方无虞，唯太子、诸王宜有定分最急。”

李世民等的就是这句话：“此言是也。”

随后，他即下敕，任命上月刚刚病倒的魏征为太子太师。关于这项任命的考虑，他曾对侍臣说过：“方今群臣，忠直无逾魏征，我遣傅太子，用绝天下之疑。”九月，病情略微有所好转的魏征接受了这项任命。李世民对他是千叮咛万嘱咐：“周幽、晋献，废嫡立庶，危国亡家。汉高祖几废太子，赖四皓然后安。我今赖公，即其义也。知公疾病，可卧护之。”

可见，到这个时候，他已经下定了最终决心：绝不易储，好坏都是承乾了。

又过了三个月，贞观十七年正月，他正式在朝堂上宣布：“闻外间士民以太子有足疾，魏王颖悟，多从游幸，遽生异议，徼幸之徒，已有附会者。太子虽病足，不废步履。且《礼》：嫡子死，立嫡孙。太子男已五岁，朕终不以孽代宗，启窥窬之源也。”

此言一出，尘埃落定。承乾，你不要担心了，这大唐第三代君王非你莫属了。泰儿，父皇很喜欢你，但也只能到此为止了。

以此观之，李世民确非凡人，关键时候处置相当果断。但乱局已经酿成，可不是他喊停就能停得下来的……

4. 凌烟阁二十四功臣

李世民关于继承人问题的最终表态刚刚发布，噩耗突来：魏征病逝了。

其实，去年九月接任太子太师时，看似病情好转的魏征已经到了回光返照的地步。果然，太师当了没几天，他又病倒了，并且这一次健康状况急转直下。

李世民很着急，也很重视，又是“赐以药饵”，又是频“遣使者问讯”。探视的使者一拨接着一拨，竟至“相望于道”。就这，他还不放心呢，干脆命中郎将李安俨到魏征家里打卡坐班，一有动静，马上奏报。

但各方面反馈的消息都指向这样一个结论：魏征，真的不行了！李世民意识到，与这位老伙计最后说再见的时候到了。于是，他带着太子李承乾和女儿衡山公主亲临魏府，来与魏征做最后的告别。从史书中只记载李世民的言论推断，当时的魏征应该已经到了口不能言的地步。当着魏征一家的面，李世民指着衡山公主对病榻上油尽灯枯的魏征说，要把女儿嫁给他的儿子魏叔玉。

几天后，一代名臣魏征溘然长逝，享年六十三岁。

贞观谏臣，首推魏征。《贞观政要》有专门的统计，魏征侍奉李世民十七载，总计面陈谏议五十次，上疏十一道，折合文字多达“数十余万言”。其次数之繁多、言辞之激切、态度之坚决，贞观群臣中无人能出其右。

那么，李世民对这个人是什么印象呢？

用他自己的话说，魏征是一个妩媚的人。没错，列位的眼睛没有瞎，他的确用的是“妩媚”。

在一次宫廷宴会上，长孙无忌借着酒兴说：“王珪、魏征，昔为仇雠，不谓今日得同此宴。”

李世民意兴阑珊：“征、珪尽心所事，故我用之。”紧接着，他道出了心中埋藏已久的一个疑问：“然征每谏，我不从，我与之言辄不应，何也？”

魏征是这么说的：“臣以事为不可，故谏；若陛下不从而臣应之，则事遂施行，故不敢应。”

李世民就纳闷了：“且应而复谏，庸何伤？”

然后，魏征的回答堪称教科书级水平：“昔舜戒郡臣：‘尔无面从，退有后言。’臣心知其非而口应陛下，乃面从也，岂稷、契事舜之意邪！”言下将李世民比作大舜一样的贤君。

那李世民听了还能不开心嘛，当场哈哈大笑：“人言魏徵举止疏慢，我视之更觉妩媚，正为此耳！”

别说魏征不会拍马屁，他马上起身，当场拜谢：“陛下开臣使言，故臣得尽其愚，若陛下拒而不受，臣何敢数犯颜色乎！”

而今，这位时而让李世民觉得妩媚非常、时而又恨得牙痒痒的魏征已经永远地离开了他。

李世民无限感伤，决定要让这位老伙计风光大葬，以旌表他为大唐所做的贡献。于是，他特批给魏征加羽葆[①]鼓吹，又诏命在京九品以上文武全都送葬。可是，魏征的妻子裴氏却谢绝了他的隆恩："征平生俭素，今葬以一品羽仪，非亡者之志。"最终，李世民决定还是遵从了魏征的遗愿，"以布车载柩而葬"。

下葬当日，宦官送来了李世民手书制成的石碑。李世民登上宫中的苑西楼，遥望魏征的灵车一路向昭陵驶去，伤心流涕。他边哭边对左右说："人以铜为镜，可以正衣冠，以古为镜，可以见兴替，以人为镜，可以知得失；魏征没，朕亡一镜矣！"

随后，李世民宣布：废朝五天，追赠魏征为司空、相州都督，谥"文贞"。

因为魏征的亡故，李世民突然意识到：当年跟着他和先帝打天下、开治世的那批开国元勋，而今老的老、死的死，即将退出历史的舞台。这些人为了他们李家的江山竭尽心智、流血拼命，真真儿是鞠躬尽瘁，死而后已，足为百代万世之楷模。由此，他想到：应该用某种特殊的方式，将这些元勋们永久地纪念起来，既可以让后世君王永远记住老臣们的贡献，也可以为后世臣子树立学习的标杆。说干就干，他马上指示有司去研究。

朝廷似乎永远都不能风平浪静。这不，新任洛州都督张亮忽然请求单独谒见，他告诉李世民一件事情，让李世民大感意外：侯君集有谋反之意。

咋回事儿呢？二月初，李世民敕命太子詹事张亮调任洛州都督。张亮正在家中整点行囊，侯君集忽然来了，一见面就问他："何人相排？"张亮调侃道："非公而谁！"侯君集就说了："我平一国来，逢嗔如屋大，安能仰排！"说着说着，他忽然甩了甩袖子，恨恨地说道："郁郁殊不聊生！公能反乎？与公反！"张亮表面上一个劲儿打哈哈，心里去大吃一惊。送走侯君集后，他马上进宫面圣。

李世民虽然有些吃惊，但也并不那么吃惊。因为，已经有不止一个人对他说过侯君集会谋反的话，而且这几个人在他心中都很有分量。

第一个说这话的是李靖。当初，李世民让李靖教侯君集兵法。侯君集学了没几天，就跑来告状："李靖将反矣。"李世民问他怎么知道。侯君集就说

---

① 羽葆，古时葬礼仪仗的一种，以鸟羽聚于柄头如盖，系诸侯王葬礼专用。鼓吹，用鼓、钲、箫、笳等乐器合奏。

了："靖独教臣以其粗而匿其精，以是知之。"李世民就去问李靖。李靖是这么说的："此乃君集欲反耳。今诸夏已定，臣之所教，足以制四夷，而君集固求尽臣之术，非反而何！"

李靖之后，李道宗也说过类似的话："君集志大而智小，自负微功，耻在房玄龄、李靖之下，虽为吏部尚书，未满其志。以臣观之，必将为乱。"当时，李世民并不相信："君集材器，亦何施不可！朕岂惜重位，但次第未至耳，岂可亿度，妄生猜贰邪！"

现如今，张亮也这么说了，李世民终于信了，看来这个他一手扶植起来的人决意要站到他的对立面了。不过，空口无凭，仅凭几句不能证实的话就办侯君集，他肯定不服。所以，李世民再三叮嘱张亮："卿与君集皆功臣，语时旁无他人，若下吏，君集必不服。如此，事未可知，卿且勿言。"

此事过后不久，缅怀元勋的办法终于研究出来，那就是：仿效前汉宣帝麒麟阁②十一功臣和后汉明帝云台阁二十八将③，于太极宫三清殿旁新建一座阁楼，名为凌烟阁，遴选二十四位开国一等功臣，将其画像挂入凌烟阁，永传后世。

当月，李世民钦定了这二十四位功臣，依次是：赵国公长孙无忌、河间王李孝恭、莱国公杜如晦、郑国公魏征、梁国公房玄龄、申国公高士廉、鄂国公尉迟敬德、卫国公李靖、宋国公萧瑀、褒国公段志玄、夔国公刘弘基、蒋国公屈突通、勋国公殷开山、谯国公柴绍、邳国公长孙顺德、郧国公张亮、陈国公侯君集、郯国公张公瑾、卢国公程咬金、永兴公虞世南、邢国公刘政会、莒国公唐俭、英国公李勣和胡国公秦琼。

截至当时，名单中已有十三人故去。最先过世的是殷开山，武德五年他在征讨刘黑闼途中病殁于军中。随后，贞观元年，屈突通殁。贞观四年，杜如晦殁。贞观六年，张公谨殁。贞观九年，刘政会殁。贞观十二年，柴绍、长孙顺德、虞世南、秦叔宝四人殁。贞观十四年，李孝恭殁。贞观十六年，

---

② 麒麟阁坐落在未央宫中，因汉武帝元狩年间打猎获得麒麟而命名。甘露三年（公元前 51 年），西汉中兴之主汉宣帝刘询因匈奴归降大汉，回忆往昔辅佐有功之臣，乃令人画十一名功臣图像于麒麟阁以示纪念和表扬。

③ 云台阁二十八将，是指汉光武帝刘秀麾下助其一统天下、重兴汉室江山的功劳最大、能力最强的二十八员大将。东汉明帝永平三年（公元 60 年），汉明帝刘庄在洛阳南宫云台阁命人画了 28 位大将的画像，称为云台二十八将。

段志玄和宇文士及殁。最后一位就是上月刚刚去世的魏征。

然后，李世民为二十四位功臣逐一作赞，由阎立本绘像、褚遂良书写，悬挂于凌烟阁之内。这就是中国历史上与麒麟阁十一功臣、云台二十八将齐名的凌烟阁二十四功臣。唐代诗人李贺在其《南园十三首》其五中专写凌烟阁：男儿何不带吴钩，收取关山五十州。请君暂上凌烟阁，若个书生万户侯?

明知侯君集已有谋反之意，却仍将他图形凌烟阁，足见李世民心中还是有杆秤的，是非功过他分得很清楚。凌烟阁中的侯君集是为大唐冲锋陷阵、赴汤蹈火的忠臣侯君集，而凌烟阁外的那个侯君集则是成天牢骚满腹、四处怂恿谋反的奸臣侯君集，是他要着手剪除的隐患。

李世民正准备动手，出事儿了！不过，这事儿出得比较邪乎，不是出在危机四伏的京师长安，而是发生在遥远的山东齐州（今山东省济南市）。

三月，李世民第五子——齐王李佑谋反了！

5. 齐王李佑谋反案

要反的人还没反，不该反的人却反了。

齐王李佑打小就是个熊孩子，张狂急躁，恣意妄为，故而不受李世民待见。贞观十年，他被封为齐王，同时出镇齐州，任都督。

到底是李世民的儿子，随得厉害，李佑也喜欢畋猎，整日怠于政事，出城游猎，齐州上上下下怨声载道。齐王长史薛大鼎屡次劝谏无果，只得如实上奏朝廷。奈何李世民不信，反觉得薛大鼎无能，将他撤职了事。

然后，他给李佑派了一位新长史。没想到，正是这位长史，逼反了他的糊涂儿子。此人就是贞观三大直臣之一的权万纪。

这些年来，不管遭受过怎样的打击，权万纪始终不改性格，耿直如一。到任之后，他是一点儿都没给李佑面子，连续犯颜劝谏，还上表李世民，驱逐了李佑的亲信昝君谟和梁猛彪。奈何李佑浪荡惯了，根本不把他放在眼里，暗中又召回了昝梁二人，“宠之逾厚”。两人的关系就闹得很僵。

时间久了，李佑在齐州的胡作非为多少也传到了长安。李世民听了，很不高兴，多次降敕斥责李佑。李佑慌了，权万纪也慌了，藩王有罪，长史岂能无过？权万纪可不想步薛大鼎的后尘。于是，他劝说李佑：“王审能自新，万纪请入朝言之。”李佑当然不肯。权万纪不慌不忙拿出一份奏章，递给他看。李佑看了，惊出一身冷汗，奏章上写满了他的过错。权万纪实际上是软中带硬，殿下，你如果不让我去，我就上表了。李佑无奈，只得同意。

然后呢，权万纪就入朝了，如约向李世民表了态，说齐王一定能悔过自新。李世民很满意，当场勉励了权万纪，却再次降敕齐州，历数李佑的过错，要求他引以为戒。然后，李佑就认定，权万纪出卖了他，恨恨地说道：“长史卖我！劝我而自以为功，必杀之。”

两人的关系非但没有好转，反而进一步恶化。

从长安回来后，自以为有皇命加持的权万纪对李佑越发不客气，他先是没收了李佑全部的猎犬猎鹰，不让他出城打猎；继而又严禁昝君谟、梁猛彪与李佑相见。李佑觉得自己受到了监视和软禁，对权万纪越发不满。

二月的一天夜里，长史府里忽然落下几块石头。已成惊弓之鸟的权万纪断定，这是昝君谟、梁猛彪二人意图谋害自己，他与齐王已到了最后摊牌的时刻。于是，他决定先发制人，一面差人逮捕昝梁二人，一面通过驿站飞书长安，弹劾李佑左右亲信十余人。

兹事体大，李世民立派刑部尚书刘德威前往齐州调查。调查显示，权万纪弹劾李佑不法事，基本属实。于是，勃然大怒的李世民就让权万纪和李佑一同入朝。

不曾想，李佑恨毒了权万纪，竟命亲信燕弘亮、燕弘信兄弟率众追击已经上路的权万纪。权万纪惨遭杀害，尸体都被肢解。

李佑私杀朝廷命官，自知不容于国法，索性一不做二不休，决定起兵作乱。他大肆封赏官吏，并“开库物行赏，驱民入城，缮甲兵、楼堞”。奈何他素来不得人心，“吏民弃妻子夜缒出亡者相继”。

李佑叛乱的消息震惊了朝野。李世民既惊讶，又伤心。三月初六，他诏命兵部尚书李勣征发怀、洛、汴、宋、潞、滑、济、郓、海九州兵马讨伐李佑。同时，亲自写信给李佑：“吾常戒汝勿近小人，正为此耳。”

昏庸无能的李佑竟然幻想以一州之兵敌全国，结果可想而知。李勣大军尚未抵达，初十齐州内部生乱，兵曹杜行敏发动兵变，生擒李佑，诛杀燕氏兄弟，平定了齐州。

随后，李佑被李勣押解至长安，不久被赐死于内侍省，其同党四十四人被杀。

此外还有一人，复姓纥干，名承基，本是一名杀手，为李佑所笼络。本来呢，已经对他定罪完毕，“当死”。但纥干承基露出了他的另一个身份，他还是太子李承乾的专用杀手，他要向陛下检举李承乾等人犯上作乱的阴谋。

拔起李佑这根萝卜，带起了纥干承基这块泥，不曾想这块泥居然带出了另一根更大的萝卜。

这事儿可就闹大了！

6. 鹬蚌相争一场空

很快，有司就将纥干承基的供述呈递了上来。

李世民看了，如遭晴天霹雳，久久不敢相信自己的眼睛：他狠下决心力保的太子李承乾，他的第一个儿子，居然组织了一个阴谋集团，打算发动武装政变，对付他。

据纥干承基的供述，侯君集的女婿贺兰楚石是东宫的太子千牛卫，在他的牵线搭桥下，心怀怨望的李承乾与心怀怨望的侯君集一拍即合。在侯君集的反复撺掇下，李承乾决心不再任由摇摆不定的父亲掌握自己的命运，他要发动政变，将似有似无的可能变成确定的现实。侯君集甚至举着双手对李承乾说：“此好手，当为殿下用之。”

很快，汉王李元昌、驸马都尉杜荷（杜如晦之子）、洋州刺史赵节（赵慈景之子）、左屯卫中郎将李安俨等人勾连聚合在李承乾麾下。所有同谋者“皆割臂，以帛拭血，烧灰和酒饮之，誓同生死”。

起初，他们商定，发动兵变，直入内廷，控制李世民。后来，杜荷提出：“天文有变，当速发以应之，殿下但称暴疾危笃，主上必亲临视，因兹可以得志。”正在争论之际，齐州反了李佑，朝廷高度紧张，李世民也无暇分身，政变计划只得暂缓。纥干承基还说了，当李承乾听说李佑于齐州举兵的消息后，曾亲口对他说：“我宫西墙，去大内正可二十步耳，与卿为大事，岂比齐王乎！”

蠢人就是蠢人，李世民都已经昭告天下绝不易储了，李承乾居然还要政变，这简直就是愚蠢他妈给愚蠢开门——愚蠢到家了。

震惊之余，李世民悲痛欲绝，他好恨啊，他恨造化弄人，非要让他们兄弟之间的悲剧在他的儿子们身上重演；他恨侯君集的怂恿煽动；他恨李承乾的愚蠢透顶；他更恨自己枉称英武，竟被群小蒙蔽至今。

很快，李承乾谋反集团成员被一网打尽。李世民敕命长孙无忌、房玄龄、萧瑀、李勣四大臣与大理寺、中书省、门下省一同审问。

集团主谋李承乾对纥干承基的所有指控供认不讳。

李世民就问诸大臣："将何以处承乾？"

整个朝廷静得可怕，房玄龄、长孙无忌等重臣均缄口不言。原因很简单，这问题太难回答了。如果说从轻发落，万一陛下想重处呢，会不会疑心自己是承乾一党呢？说从重处理吧，可人家毕竟是父子，万一当父亲的想轻饶儿子呢？

沉默良久，还是一名中层干部——通事舍人来济打破了僵局："陛下不失为慈父，太子得尽天年，则善矣！"

这句话说得很有水平，正对李世民的心思，随即他下诏，将太子李承乾废为庶人，暂时幽禁于右领军府。

然后是汉王李元昌。李世民的意思，好歹是先帝的儿子、自己的弟弟，起码留他一条性命。但这一次，群臣高度一致，坚决要求按法律办事，将李元昌明正典刑。李世民无奈，赐李元昌自尽。

紧接着就该侯君集了。李世民亲自讯问他："朕不欲令刀笔吏辱公，故自鞫公耳。"侯君集死活不认，坚决否认。李世民就烦了，你且看这是谁。少顷，一人上殿。侯君集一看，大惊失色，竟然是他的宝贝女婿贺兰楚石。原来，他刚被捕，贺兰楚石就跑到李世民面前检举他的罪过了，还交出了侯君集与李承乾往来的全部书信。

铁证如山，侯君集终于低下了头。

李世民问诸大臣："君集有功，欲乞其生，可乎？"李元昌都杀了，侯君集还能例外？群臣均以为不可。于是，李世民哭着对侯君集说："与公长诀矣！"侯君集"亦自投于地"，悲不自胜。

不久之后，侯君集与李安俨、赵节、杜荷等人同日被杀。临刑前，他对监斩官说："君集蹉跌至此！然事陛下于籓邸，击取二国，乞全一子以奉祭祀。"李世民念他有功，尊重他的遗愿，"原其妻及子，徙岭南"。在抄没侯君集的宅子时，发现了两个美人，肌肤吹弹可破，光洁似雪。一问才知道，这两个美人长到现在，只喝人奶，不吃别的东西。老侯挺会玩儿啊！

杜如晦有两个儿子，大郎名杜构，袭封莱国公；二郎杜荷，尚李世民女城阳公主。受杜荷牵连，杜构被流放岭南，后来死在了当地。在杜如晦死了仅仅十三年后，杜氏家族退出了大唐的政治舞台。

李安俨早年是隐太子李建成的属官，玄武门之变时为拼死搏斗，李世民觉得他很忠诚，特别信任他，命他掌管宿卫，封左屯卫中郎将。奈何这位老兄每次都选错，谁也救不了他。李安俨被杀后，他九十多岁的父亲无人赡养。李世民怜悯老人家，“赐奴婢以养之”。

丁亥（初八），任命中书令杨师道为吏部尚书。起初，长广公主嫁给赵慈景，生下赵节；赵慈景死后，长广公主改嫁杨师道。杨师道曾与长孙无忌等人一道审讯承乾太子的狱案，暗中为赵节开脱罪责，由此获罪。太宗到公主住所，公主以头触地，哭泣着为儿子的罪过道歉，太宗回拜并流着泪说：“赏赐不回避仇敌，惩罚不袒护亲属，这是天下至公至正的道理，不敢违背，因此有负于姐姐。”

帝师中，除孔颖达和于志宁因为经常上疏劝谏李承乾而受到李世民的嘉勉外，其余如张玄素、赵弘智、令狐德棻均被扣上了“不能谏争”的帽子，免为庶人。纥干承基告密有功，不仅被提升为川府折冲都尉，还封爵平棘县公。干活儿的被免官，告密的却当了大官儿，真是苍天无眼。

李承乾倒台，可把李泰乐坏了，储位已空，舍我其谁？外朝的岑文本、刘洎、马周等人纷纷劝李世民早日册立李泰为太子。李世民也有此意，已经在私底下当面允诺李泰，要让他当太子。

谁都没想到，正在这个节骨眼儿上，一向闷不吭声的长孙无忌却突然站了出来，提出了另一个人选。这个人就是李世民诸子中存在感最低的老九晋王李治。长孙无忌说了，李治仁善，是仁君，大唐的基业交给他没错。

然后，大家都懵了，这两不都是你亲外甥嘛，犯得着这么干嘛？

他们不懂，对长孙无忌而言，太犯得着了。因为家族衰落、父亲早逝，长孙无忌从小吃了不少苦，所以他心中一直有一个执念，那就是一定要振兴长孙家族。他的起点很高，既是李世民的铁杆发小，又是大唐国舅，年纪轻轻就成了国之重臣。奈何前有重臣排挤，后有妹妹弹压，长孙无忌长期处于位高无权的境况。虽然不甘心，他也只能百般隐忍。不过，说起未来，长孙无忌倒是始终信心满满。因为，他有一个谁都无力逆转的天然优势——他太年轻了。要知道，这一年，长孙无忌才四十九岁，已经位列三公了。他比房玄龄小十五岁，比萧瑀小十九岁。所以，只要他好好活下去，将来他就是大唐第三朝的重臣。

那么，究竟是李泰还是李治即位，对他就意义重大了。李泰颇类太宗，英明聪睿，很有主见。况且，他身边已经有了一个成熟庞大的政治集团。他若是即位，得势的只能是岑文本、刘洎、马周、杜楚客、韦挺等人，长孙无忌只会被高高供起来，成了边缘人。那么，他这么多年的隐忍与蛰伏就全部白费了。但李治就不同了，一来，这孩子天生性格软弱，是出了名的大善人、老实人；二来，他没有政治集团，他只有他自己。所以，只要长孙无忌鼎力支持他，将他扶上皇帝宝座，那么未来的朝廷就一定是他长孙无忌说了算。

原本只有一个选项，现在冒出了个B选项。对于李治的仁孝，李世民是非常认可、非常喜欢的。但同时他又觉得，李治仁慈到了有些软弱的程度。作为一个儿子，李治无疑是合格的，甚至是优秀的；但若想成为一个优秀君王，恐怕他还差得远呢。因此，在二子之间，李世民明显倾向于李泰。

这样，长孙无忌也就束手无策了。不过，这帝位注定就是李治的。关键时刻，有人帮了他的大忙。

谁啊？正是他的亲哥哥李泰。

听闻舅舅力挺老九的消息后，李泰急匆匆地入宫，一见面就扑入李世民的怀里，信誓旦旦地说："臣今日始得为陛下子，乃更生之日也。臣有一子，臣死之日，当为陛下杀之，传位晋王。"

这话可把李世民给感动坏了，第二天仍旧难以抑制感动之情，对诸位大臣说："人谁不爱其子，朕见其如此，甚怜之。"

这时，负责记录起居注的褚遂良却在旁边说了一句："陛下言大失。愿审思，勿误也！安有陛下万岁后，魏王据天下，肯杀其爱子，传位晋王者乎！陛下日者既立承乾为太子，复宠魏王，礼秩过于承乾，以成今日之祸。前事不远，足以为鉴。陛下今立魏王，愿先措置晋王，始得安全耳。"

这番话如醍醐灌顶，一语惊醒梦中人。李世民恍然大悟，潸然泪下："我不能尔！"

紧接着，急不可耐的李泰又办了一件蠢事儿。他招到李治，吓唬他说："汝与元昌善，元昌今败，得无忧乎？"李治本来胆子就小，听了哥哥的话，吓坏了，"忧形于色"。李世民看到他满脸愁容，就问他怎么了。他不说。李世民一再追问，李治才把李泰对他说的话告诉了父亲。

终于，李世民意识到李泰太有心机了，开始后悔当初说要立他为太子的话。然而，即便到了这个时候，他还是没有下定最后的决心。说到底，太善的人是当不了皇帝的，适度的坏是当皇帝必备的品质。

不过，没关系，有人帮他下定了决心。

这日，李世民去探望幽禁中的李承乾，问他为什么要谋反。此时的李承乾无比坦荡："臣为太子，复何所求！但为泰所图，时与朝臣谋自安之术，不逞之人遂教臣为不轨耳。今若泰为太子，所谓落其度内。"

此言一出，李泰的政治生命彻底宣告终结。

7. 鸡仔登上太子位

随后，李世民亲御两仪殿，让群臣暂时退朝，只留下李治、长孙无忌、房玄龄、李勣、褚遂良五人。

他伤心地对五人说："我三子一弟，所为如是，我心诚无聊赖！"说罢，竟"自投于床"。长孙无忌等人慌忙上前搀扶。李世民又抽出佩刀想自杀。褚遂良眼疾手快，上前一把夺下佩刀，递给了李治。李世民明白，褚遂良也是支持李治的，说道："我欲立晋王。"长孙无忌等的就是这句话，马上接道："谨奉诏，有异议者，臣请斩之！"

拢共三个嫡子，李承乾和李泰都出局了，只能是李治了。房玄龄和李勣纵然心头另有所属，也不敢做声了。

李世民对李治说："汝舅许汝矣，宜拜谢。"李治竟然真的当场拜谢了长孙无忌。

李世民接着说："公等已同我意，未知外议何如？"

还是长孙无忌接话："晋王仁孝，天下属心久矣，乞陛下试召问百官，有不同者，臣负陛下万死。"

于是，李世民亲临太极殿，召见朝中所有六品以上文武，对他们说："承乾悖逆，泰亦凶险，皆不可立。朕欲选诸子为嗣，谁可者？卿辈明言之。"

都这个节骨眼儿上了，傻子才敢说别人，众人高呼："晋王仁孝，当为嗣。"

李世民转悲为喜，看来我这个仁善的儿子还是很得人心的。

太极殿的事情刚刚发生，李泰就知道了，他不甘心，率一百多随从入宫，想做最后的争取。但李世民已经不给他机会，敕令禁军拦截，将李泰幽禁于北苑。

初七一大早，李世民亲临承天门楼颁敕，册立晋王李治为皇太子，大赦天下，饮宴三天。

高明与蓝鸟争来争去，争得头破血流、两败俱伤，结果反倒是根本对皇位毫无兴趣的鸡仔登上了储君之位。命乎？运乎？

做出这个决定，李世民是如释重负，不无欣慰地对诸重臣说："我若立泰，则是太子之位可经营而得。自今太子失道，藩王窥伺者，皆两弃之，传诸子孙，永为后法。且泰立，则承乾与治皆不全；治立，则承乾与泰皆无恙矣。"

他想的可真美！殊不知，他对得起父子情深，却对不起江山社稷。没有李治，哪来的武则天？！

初十，又长孙无忌为太子太师，房玄龄为太傅，萧瑀为太保，李勣为太子詹事，左卫大将军李大亮领右卫率，前任太子詹事于志宁、中书侍郎马周为左庶子，吏部侍郎苏勖、中书舍人高季辅为右庶子，刑部侍郎张行成为少詹事，谏议大夫褚遂良为太子宾客，配齐了李治的东宫班底。

对李承乾、李泰的处置接踵而来。

李承乾比较简单，一来已经定罪，二来其党羽早已被团灭，所以直接发黔州（今重庆市彭水县）安置了事。但是，有一活一死两个人，却成了李世民泄愤的对象。一活，就是榖州刺史杜正伦。当初，李世民让杜正伦兼任太子左庶子时曾叮嘱他："吾儿足疾乃可耳，但疏远贤良，狎昵群小，卿可察之。果不可教示，当来告我。"杜正伦严格落实首长指示，就任后屡屡劝谏，却不为太子所接受。实在没辙了，他脑子一发昏，竟把李世民的原话告诉了李承乾。这李承乾听了就不干了，马上"抗表以闻"，父皇，您真说过这话？搞的李世民很没面子，把杜正伦提溜过来一顿臭骂。杜正伦委屈地说："臣以此恐之，冀其迁善耳。"盛怒的李世民就将他外放为州刺史。现在，李承乾谋反被废，李世民就又想起了这件陈年旧事，七月又将杜正伦贬到更远的交州。杜正伦被贬，还连累了他的伯乐魏征。当初，魏征最看重两个人——文臣中的杜正伦和武将中的侯君集，屡屡向李世民推荐。李世民就纳闷了，怎么你推荐的人都如此不堪，难不成你老魏头也结党营私不成？然后，又有人进言说，魏征病倒后，将自己所写的全部谏辞统统交给了起居郎褚遂良，让他秉笔直书。这下，可捅着李世民的腰眼儿了，不仅宣布衡阳公主与魏叔玉的婚事取消，而且还把他手书制成的魏征墓碑给推倒了。

真是翻脸比翻书还快。

李泰的情况就比较复杂了，因为他是有错而无罪，所以不能以对待罪人的方式对待他。李世民褫夺了他的各类官职，并由亲王降为郡王，远徙均州（今湖北省十堰市郧阳区）安置。关于原因，他是这么向群臣们解释的："泰诚为俊才，朕心念之，卿曹所知。但以社稷之故，不得不断之以义，使之居外者，亦所以两全之耳。”但对于李泰的党羽，他就没这么客气了。除岑刘马三人外，其余魏王党人均遭到清算。杜楚客因为是杜如晦的弟弟，得以免死，废为庶人。崔仁师由给事中降为鸿胪少卿。韦挺由行黄门侍郎降为太常卿。其余党徒“皆迁岭表”。

尘埃落定了吗？不好意思，还没有！

经过半年的观察，李世民还是觉得鸡仔太仁弱了，不适合当皇帝。他忧心忡忡地对长孙无忌说：“公劝我立雉奴，雉奴懦，恐不能守社稷，奈何？”其实，他心里憋得慌，对谁说都可以，唯独不应该对长孙无忌说，尤其是不应该说下面这句话：“吴王恪英果类我，我欲立之，何如？”

长孙无忌听了，心中暗暗吃惊，他苦心孤诣这么多年，哪肯坐视外甥的皇位被外人夺走？因此，“固争，以为不可”。

李世民倒也直接：“公以恪非己之甥邪？”

长孙无忌当然不会承认，侃了一通大道理：“太子仁厚，真守文良主；储副至重，岂可数易？愿陛下熟思之。”

其实，李世民也就是发发牢骚而已。一国之君，金口玉言，怎能出尔反尔？李治刚当上太子才几个月，又不曾犯错，突然换他，何以服众？天下人又会怎么看他。行吧，好赖都只能是鸡仔了。

他甚至专门告诫李恪：“父子虽至亲，及其有罪，则天下之法不可私也。汉已立昭帝，燕王旦不服，阴图不轨，霍光折简诛之。为人臣子，不可不戒！”只是，他无论如何都想不到，他竟然间接害死了这个儿子。

第二章

房遗爱谋反大案

——长孙无忌的专权之路

高宗即位，长孙无忌大权独揽，并日渐显露出专权的倾向。为了剪除李泰余党与所有持不同政见者，长孙无忌利用房遗爱谋反一案大做文章，大肆牵连，除掉了一个宰相、两个公主、三家豪门、四位驸马和四位藩王。从此，他彻彻底底地把控了朝政。

1. 长孙无忌发迹史

长孙无忌，字辅机，洛阳（今河南洛阳）人，生于隋文帝开皇十四年（公元 594 年）。

长孙一脉先世是鲜卑拓跋氏，乃北魏帝室十姓之一。北魏孝文帝汉化改革时，拓跋氏方改为长孙氏。长孙家世为魏室重臣。长孙无忌的祖父长孙兕是北周的开府仪同三司，平原县侯。其父长孙晟乃是隋朝名将。长孙晟育有五子一女，长孙无忌是其第三子。长孙家和李家是世交。因此，长孙无忌和李世民早在儿时就相识，是发小。

长孙家也属于关陇军事贵族。不过，长孙无忌本人在军事方面虽有一定谋略，却并不善于统兵打仗。太宗对长孙无忌其人曾有概括，说他“聪明鉴悟，雅有武略”，“总兵打仗，非其所长”。之所以会这样，是因为长孙晟去世较早。长孙无忌和妹妹一同在舅父高士廉家中长大。高士廉本人“少有器局，颇涉文史”，很有才华和名望。在这样一个文化素养高的家庭中，长孙氏兄妹受到很好的文化教育。无忌“好学，该博文史”，妹妹也是“少好读书，造次必循礼则”。高士廉识人很有慧眼，早在李渊父子太原起兵之前，就发现李世民是个非常之人，便做主把长孙无忌的妹妹聘与李世民，就是后来的长孙皇后。

隋炀帝大业十三年（公元617年）九月，李渊率军渡过黄河，挺进关中。长孙无忌谒见李渊于长春宫。李渊“礼而用之”，任命长孙无忌为渭北行军典签。

从李渊父子晋阳起兵叛隋，到建立唐朝，再到统一天下，长孙无忌一直追随妹丈李世民东征西讨，但却没有什么显赫之功。他在政治舞台上显露头角，是在玄武门事变中。

唐朝建立后，李渊集团发生分裂，最突出的矛盾是太子李建成和秦王李世民之间争夺皇位继承权。李世民的才能、威望和接踵而至的显赫军功，不仅使其本人产生了觊觎皇位的野心，也引起太子李建成的忌妒和不安。

武德九年（公元626年），双方的矛盾已经不可调和。

李建成和李元吉图谋杀害李世民。

李世民问秦王府的僚属们：“阽危之兆，其迹已见，将若之何？”

房玄龄对长孙无忌说：“今嫌隙已成，一旦祸机窃发，岂惟府朝涂地，乃实社稷之忧，莫若劝王行周公之事，以安国家。存亡之机，间不容发，正在今日。”

长孙无忌说：“吾怀此久已，不敢发口，今吾子所言，正合吾心，谨当白之。”

于是，房玄龄、杜如晦、长孙无忌同劝李世民先发制人，认为只有如此才能转危为安。

此时太子李建成与齐王李元吉也在加紧活动，用重金收买李世民部将尉迟敬德，遭拒绝后，又对李世民行刺，仍未得逞。

李建成对李元吉说：“秦府智略之士，可惮者独房玄龄、杜如晦耳。”于是，向李渊谗毁二人，将之逐出秦王府。

这样，李世民最为心腹之人只有长孙无忌仍在府中。长孙无忌坚决支持房玄龄政变的动议，与舅父高士廉和秦王部将侯君集、尉迟敬德等人日夜劝李世民诛杀太子与齐王。李世民仍犹豫不决，与灵州都督李靖商议，征求行军总管李世勣的意见，二人都表示不愿意干。

正在此时，突厥南下侵犯，按惯例应由李世民督军抵御，但此次在李建成的推荐下，由李元吉代李世民督军北征，并调秦王府将领尉迟敬德等同行。

他们的目的很明显，想借机抽空秦王府的精兵猛将，并计划在为李元吉饯行时杀掉李世民。

李世民得知，立即与长孙无忌等商量，又派长孙无忌秘密召回房玄龄、杜如晦，共同谋划了玄武门兵变。

六月四日，李世民亲率长孙无忌等人，在玄武门成功地伏杀了李建成、李元吉。

“玄武门之变”的确为长孙无忌积累下了政治资本。李世民对他极为信任，一心想重用他。但长孙无忌在贞观十七年（公元 643 年）以前，始终不能得志。主要原因有两个：

首先，是他的妹妹长孙皇后坚决反对太宗重用兄长。

玄武门之变后不到一个月，太宗便任命长孙无忌为吏部尚书。第二年七月，又想擢升他为唐廷宰相之一的右仆射。史载：“上委以腹心，其礼遇群臣莫及，欲用为宰相者数矣”。但深明大义的长孙皇后却不愿意哥哥因手握重权而卷入政治是非，她对太宗说：“妾备位椒房，家之贵宠极矣，诚不愿兄弟复执国政。吕、霍、上官，可为切骨之戒，幸陛下矜察！”但太宗不听，最终还是让长孙无忌当了右仆射。长孙皇后所料不错，不久后，就有人向太宗上密表，称无忌权宠过盛。太宗拿着密表给长孙无忌看，并推心置腹地对他说：“朕于卿洞然无疑，若各怀所闻而不言，则君臣之意有不通。”不仅如此，他还对百官公开表态：“朕诸子皆幼，视无忌如子，非他人所能间也。”

但长孙无忌“自惧满盈，固求逊位”，长孙皇后也多次请求太宗罢免哥哥的相位。太宗最后只好答应，于贞观二年（公元 628 年）正月，罢免了长孙无忌的右仆射一职。长孙无忌头次拜相，从贞观元年（公元 627 年）七月到贞观二年（公元 628 年）正月，不足半年，此后一直到贞观十七年（公元 643 年），他再未能当上宰相。

第二个原因是长孙无忌的年龄相对较小，政治资历实在过于浅薄，不孚众望。

长孙无忌比房玄龄（生于公元 579 年）小十五岁，比杜如晦（生于公元 585 年）小九岁，比魏征（生于公元 580 年）小十四岁，比萧瑀（生于公元 575 年）小十九岁，比王珪（生于公元 570 年）小二十四岁。在上述诸人的面前，他是个不折不扣的后生晚辈。因此，在贞观前期，根本就轮不到他冒头。此外，恐怕还有一个重要的原因，那就是“贞观不倒翁”房玄龄对他的有意压制。贞观共二十三年，唯一一个从始至终都把持着朝廷大权且屹立不倒的人就是房玄龄。

虽然世人常将杜如晦与房玄龄并称为“房谋杜断”。但其实所谓的“房谋杜断”是有时间限定的，杜如晦早在贞观四年（公元630年）便病逝了，论名声地位，论政治贡献，他都不能与房玄龄相提并论。房玄龄为长期把持朝政，自然不允许长孙无忌这个后起之秀轻易上位。前文已提到，长孙无忌拜相后，曾有人密表他权宠过盛。虽然史书并未明确记载，但恐怕是和房玄龄脱不了干系的。长孙无忌对房玄龄的压制心知肚明，暗生恨意，房家后来被长孙无忌剪除殆尽，不是没有缘由的。

虽然一直未能受到重用，但长孙无忌也清醒地认识到，自己具有一个天然的优势。这个天然优势就是他的年轻。他确信，虽然现在属于房玄龄等人，但将来无疑是属于他的。因此，他就像一条年轻的毒蛇，在冬眠的洞穴里耐心地蛰伏着，静静地等待着时间带给他机会。

贞观十一年（公元637年）六月，太宗推行世袭刺史制度，将荆王李元景等二十一王和长孙无忌等十四名大臣封为世袭刺史，“非有大故，无得黜免”。

长孙无忌的封地在赵州，即今河北一带地区。按制，他是要离开京城，到赵州任职的。但长孙无忌并不愿意离开长安，因为离开权力中心容易，但要重返权力中心就难比登天了。如果他到赵州任职，就意味着这些年的等待统统白费了，他的政治抱负只能变成镜花水月。因此，长孙无忌极力反对世袭刺史制，并指使自己的儿媳妇、太宗的爱女长乐公主传话给太宗：“臣披荆棘事陛下，今海内宁一，奈何弃之外州，与迁徙何异！”

太宗因此而停了世袭刺史制。长孙无忌仍留在了唐廷的政治中心。其实，长孙无忌若能接受此次安排，不仅不会有后来的杀身之祸，其家族也能永享荣华富贵。

此后，长孙无忌接着耐心等待。到贞观十七年（公元643年）二月，太宗图画二十四位功臣于凌烟阁。其中之一正是长孙无忌。这二十四人中，杜如晦、秦叔宝等绝大部分人都已谢世，剩下的如房玄龄、李靖等人也已经是老朽不堪了。唯一一个正当盛年的，就是长孙无忌。这一年，他虚岁五十。

在贞观十七年（公元643年）以前，长孙无忌既不像魏征那样，总是说些忤逆太宗意思的话；又不像房玄龄那样，把持朝政。他少做事，少说话，因此似乎毫无建树，但其实他是在韬光养晦。

但从这一年开始，他变了。

2. 把控朝廷剪除异己

贞观十七年（公元643年），长孙无忌不动则已，一动惊人。他做了一件很大很大的事情。这件事情就是干涉太宗册立太子。前文已经提及，正是在长孙无忌的极力推动下，晋王李治才得以进入太宗的视线，并最终被立为太子。

以此为起点，这条冬眠的毒蛇不仅苏醒了，而且开始以雷霆万钧之势迅速行动起来。紧接着，为了帮助李治巩固太子之位，长孙无忌开始剪除魏王李泰的余党。李承乾一党早已被彻底打倒。李泰虽然失宠，但他的爵位还在，他的党徒还在朝中。这是长孙无忌所无法忍受的，他决定采用一切办法、逐步地剪除李泰的党羽，为李治拔去所有的钉子。

李泰最重要的两个支持者：一个是岑文本，一个是刘洎。

岑文本，字景仁，南阳人。刘洎，字思道，荆州江陵（今湖北江陵）人。这两人在发迹之初，曾有交集。他们曾经都是隋末割据政权——南梁萧铣麾下的大臣。萧铣败亡后，两人归唐。

岑文本归唐后，于武德朝先后任荆州别驾、行台考功郎中。贞观元年（公元627年），太宗任命他为秘书郎。岑文本先后上《藉田颂》《三元颂》，文辞甚美，才名大震。后由李靖推荐，被提拔为中书舍人。岑文本深得太宗器重和信任，由中书舍人至兼中书侍郎，后又于贞观十六年（公元642年）三月，正式成为中书侍郎，专知机密。

刘洎归唐后，被授为南康州（治所在今江西赣县）都督府长史。贞观七年（公元633年），升给事中，封清苑县男。后又调任治书侍御史，授尚书右丞，加银青光禄大夫、散骑常侍，代黄门侍郎。他敢于谏诤，是贞观朝与魏征齐名的谏臣。刘洎与岑文本早就相识，且情谊颇深，在政治上更是同进同退。他们一致拥护魏王李泰。李承乾获罪后，二人更是力劝太宗立李泰为太子。没想到，最后关头，惊天大逆转，太子之位落入了长孙无忌支持的晋王李治手中。

刘洎内心恐怖，赶紧向李治靠拢。李治当上太子后不久，他就上书太宗说："太子宜勤学问，亲师友。今入侍宫闱，动逾旬朔，师保以下，接对甚希，伏愿少抑下流之爱，弘远大之规，则海内幸甚！"太宗就让他和岑文本、褚遂良、马周"更日诣东宫，与太子游处谈论"。但他的表态已然来得太晚了，李治没有记住他，可长孙无忌却牢牢地记住了。

贞观十八年（公元644年）八月，太宗对宰相进行了大规模的调整，以刘洎为侍中、岑文本为中书令、马周为守中书令（中书省副长官）。

唐廷宰相实行委员制，共有四人，分别是门下省最高长官侍中、中书省最高长官中书令，以及尚书省最高长官左仆射和右仆射。四个相位中，岑文本和刘洎得二，岑文本一手提拔起来的马周还是副宰相。显然，这个人事安排对当时还挂着司徒虚职的长孙无忌是不利的。因此，在此后的数年间，他暗中发力，意图破坏太宗的这个安排。

岑文本非常聪明，知道自己早已成了长孙无忌的眼中钉，同时他也明白，长孙无忌的崛起是不可阻挡的。因此在拜相后，他回到家中，却面露忧色。

他的母亲不解，“问其故”。

岑文本说：“非勋非旧，滥荷宠荣，位高责重，所以忧惧。”

亲朋好友赶来祝贺。岑文本却说：“今受吊，不受贺也。”

为了对抗岑文本和刘洎，长孙无忌及时地引入了一个强援。这个强援就是太宗面前的大红人褚遂良。

褚遂良出身名门。他的父亲褚亮曾任隋朝的散骑常侍，与虞世南、欧阳询等人同为知名的大文人。褚亮早年曾追随隋末另一割据势力——西秦薛举。褚亮被任命为黄门侍郎，褚遂良则做了薛举的通事舍人，掌管诏命及呈奏案章。薛氏败亡后，褚家父子归唐。

最初，褚遂良在秦王李世民那里做铠曹参军。武德四年（公元621年），李世民设立文学馆，褚亮是当时名噪一时的“十八学士”之一，主管文学。在这样的环境中，褚遂良的学识与日俱进。尤其是书艺，在欧阳询与虞世南的指导下，更是出类拔萃，且具备了欧、虞二人所不具备的政治地位与社会名望。

贞观十年（公元636年），褚遂良出任起居郎，专门记载皇帝的一言一行。贞观十二年（公元638年），虞世南逝世，魏征将褚遂良推荐给李世民，太宗命他为“侍书”。贞观十五年（公元641年），褚遂良劝谏太宗暂停封禅，同年由起居郎迁谏议大夫。

太宗对褚遂良的才华和能力都是非常认可的，他曾经说过：“褚遂良耿直，有学术，竭尽所能忠诚于朕，若飞鸟依人，自加怜爱。”

小鸟依人一词就是来源于此。朝廷每有大事，太宗几乎都要向褚遂良咨询。

在立储的问题上，正统的褚遂良从一开始就明确支持太子李承乾。李承乾倒台后，他担心李泰即位后会报复自己，因此转而支持长孙无忌提出的人选——晋王李治。他的转向，让此时显得有些孤掌难鸣的长孙无忌腰杆儿硬了起来。最终，李治成功当上太子。从这时开始，长孙无忌和褚遂良开始接近，并最终结为政治同盟。就是在刘洎、岑文本拜相之后的九月，在长孙无忌的帮助下，作为黄门侍郎的褚遂良开始参与朝政，进入权力中枢。

贞观十九年（公元 645 年），唐廷大举对高句丽用兵。岑文本在随太宗东征时，因积劳成疾，死于军中，算是死得非常及时。可刘洎就没有这么幸运了。太宗亲征前，让刘洎辅佐李治，“总吏、礼、户部三尚书事”。

他叮嘱刘洎说：“我今远征，尔辅太子，安危所寄，宜深识我意。”

刘洎也不知是怎么想的，竟说：“愿陛下无忧，大臣有罪者，臣谨即行诛。”

太宗听了很不高兴，“以其言妄发，颇怪之”，当时就斥责说：“卿性疏而太健，必以此败，深宜慎之！”

长孙无忌和褚遂良见刘洎有失宠的迹象，开始发力，经常在太宗面前编排刘洎的不是。

同年底，太宗亲征无功而返，身体患病，心情很不好。刘洎看望了卧病中的太宗后，出来后“色甚悲惧”，对众大臣们说：“疾势如此，圣躬可忧！”

褚遂良马上就将这件事情报告给了太宗：“洎言国家事不足忧，但当辅幼主行伊、霍故事，大臣有异志者诛之，自定矣。”

太宗听了，勃然大怒，立即下诏：“洎与人窃议，窥窬万一，谋执朝衡，自处伊、霍，猜忌大臣，皆欲夷戮。宜赐自尽，免其妻孥。”刘洎因此而被冤杀。

三人同盟中只剩下马周一个了。

贞观二十一年（公元 647 年），褚亮去世了。褚遂良丁忧，不得不暂时辞去黄门侍郎之职。

刘洎死后，马周更加忧惧，于贞观二十二年（公元 648 年）正月病逝。至此，太宗在贞观十八年（公元 644 年）做出的人事安排彻底被长孙无忌所瓦解。马周死后不久，褚遂良在长孙无忌的帮助下，又被起用为黄门侍郎，同年九月，被提升为中书令，正式拜相。

在拉拢褚遂良，对付刘、岑、马期间，长孙无忌大肆提拔自己人。于志宁、张行成、高季辅、宇文节、崔敦礼、来济等人皆身居要职。到贞观二十三年（公元 649 年）初，整个朝廷已完全为长孙无忌所掌控。长孙无忌高枕无忧，只待太宗去世了。

3. 权臣孵化的“永徽之治”

贞观二十三年（公元 649 年）五月二十六日，病入膏肓的太宗将长孙无忌和褚遂良召入含风殿，对他们说：“朕今悉以后事付公辈。太子仁孝，公辈所知，善辅导之！”他又对一旁的李治说：“无忌、遂良在，汝勿忧天下！”褚遂良草完遗诏后不久，太宗就驾崩了。

六月初一，李治即位，是为唐高宗。

翌年正月，高宗改元永徽。

高宗初即位，政事完全仰仗于长孙无忌和褚遂良。史载：“无忌以元舅辅政，凡有所言，上无不嘉纳。”

永徽年间，长孙无忌联合褚遂良，主要做了三件事情：

第一件就是精心孵化“永徽之治”。

史载：“无忌与褚遂良同心辅政，上亦尊礼二人，恭己以听之，故永徽之政，百姓阜安”。这就是历史上著名的“永徽之治”。据统计，贞观二十二年（公元 648 年）时，唐朝有人口 360 万户。到永徽三年（公元 652 年），这个数字已经激增到 380 万户。四年间增加了 20 万户近 100 万人。这是一个相当了不起的成就。另外，法制建设也取得了突出成绩。永徽三年（公元 652 年），长孙无忌编成《唐律疏议》。这部封建法典，全面体现了中国古代法律制度的水平、风格和基本特征，成为中华法系的代表性法典，对后世及当时周边国家产生了极为深远的影响。

不过，《资治通鉴》也毫不避讳地指出：“（永徽之治）有贞观之遗风。”可见，所谓的“永徽之治”，不过是太宗“贞观之治”的延续而已。之所以有“遗风”，主要是因为有遗臣。长孙无忌与褚遂良都是太宗的旧臣，受太宗的影响很深，贞观朝是怎么干的，他们就直接照搬到永徽朝。因此，在某种程度上可以说，“永徽之治”其实跟高宗并没有太大的关系，而是长孙无忌的功劳。

值得思考的是，唐高宗在位三十四年，共用了十四个年号，“永徽之治”前后六年，那其余的十三个年号二十八年难道就是无所可取吗？答案当然是否定的。“贞观之治”只是治世，而非盛世。唐朝的盛世出现于唐玄宗时期，即“开元盛世”。从“贞观之治”到“开元盛世”，唐廷的发展趋势是芝麻开花节节高。事实上，永徽之后的二十八年，高宗治国所取得的成绩只可能比永徽朝要大的多，而不可能呈倒退之势。

第二件事情就是继续抓权，拉拢王皇后，干预高宗立储。

永徽元年（公元 650 年）正月，高宗正式册立晋王妃王氏为皇后。

王皇后出身豪门，乃东汉指使貂蝉施美人计离间董卓与吕布的司徒王允之后，其祖父是西魏名将王思政，其叔祖母是高祖之妹同安长公主。

从一开始，长孙无忌就对王皇后一族极力拉拢。在他的建议下，高宗以王皇后的父亲王仁佑为特进、魏国公。永徽二年（公元 651 年）正月，他又让高宗任命王皇后的舅舅中书侍郎柳奭（柳宗元的堂高伯祖）同中书门下三品。永徽三年（公元 652 年），他又让柳奭拜相中书令。

王皇后患有不育症，没能为高宗生下一男半女，因此而十分忧虑。柳奭给她出主意，建议她将刘妃的儿子李忠收为养子，然后再立为太子。王皇后立即听从，向刘妃提出收李忠为养子。刘妃出身微贱，见儿子能攀上王皇后这个高枝，欣然应允。王皇后就请长孙无忌帮自己促成此事。长孙无忌出于自身利益的考虑，答应了王皇后的请求。在他的出面下，高宗答应了此事，不仅将李忠过继给了王皇后，而且还于永徽三年（公元 652 年）七月册立李忠为太子。

至此，长孙无忌的权势如日中天。他的门人张行成、于志宁、高季辅相继拜相，来济、宇文节同中书门下三品。甚至连老臣李勣都受不了他的排挤，而“固求解职”。

高宗仁善，听说褚遂良害死刘洎的事情后，对褚遂良极为厌恶。永徽元年（公元 650 年）十月，监察御史韦思谦弹劾褚遂良压价购买中书省翻译人员的土地。长孙无忌的党徒大理少卿张睿册为褚遂良开脱。

耿直的韦思谦却说：“估价之设，备国家所须，臣下交易，岂得准估为定！睿册舞文，附下罔上，罪当诛。”

高宗趁机将褚遂良贬为同州刺史、张睿册贬为循州刺史。

但褚遂良在同州仅待了一年多的时间，永徽三年（公元 652 年）正月，长孙无忌就将他再度弄回了朝廷。高宗只能以褚遂良为吏部尚书、同中书门下三品。

长孙无忌所做的第三件事情就是进一步剪除魏王李泰的党羽。岑文本、刘洎、马周虽然已经去世，但房玄龄的儿子房遗爱，柴绍的儿子柴令武等李泰的支持者还在。长孙无忌最想害死的是李泰（此时李承乾已死）。

但高宗素来友爱，不仅死活不肯答应，反而对这个落魄的哥哥极为照应。贞观二十三年（公元 649 年）十二月，他下诏为濮王李泰开府置僚属，“车服珍膳，特加优异”。但李泰心情抑郁，于永徽三年（公元 652 年）十一月病死了。

李泰一死，迫不及待的长孙无忌立即就对房遗爱等人下手了。

4. 房遗爱谋反案

房遗爱等人虽是李泰的支持者，但是高宗即位后，他们并无不轨的意图。因此，长孙无忌很久都没有抓到把柄。但就在李泰去世的当月，一件突发的小事引起了长孙无忌的注意。

房遗爱的官职是散骑常侍，此外，他还有另一个身份——太宗的十七驸马。房玄龄是重臣，因此太宗将自己的第十七女高阳公主嫁给了房玄龄的次子房遗爱为妻。

这位高阳公主是李唐宗室女眷中出了名的泼辣放荡货。她是公主，懦弱的房遗爱对她只能是唯命是从。房玄龄去世后，高阳公主挑唆丈夫与其兄房遗直分家。因为对分家（分财）结果不满，不久她又向太宗诬告房遗直。房遗直如实向太宗禀明。太宗听了非常生气，严厉地斥责了高阳公主，从此对她不再宠爱。高阳由此“怏怏不悦”。

不久后，唐宫内的一件宝贝——金宝神枕被盗。御史经过调查，发现此事与唐玄奘的高徒辩机有关，并在辩机的住所找到了金宝神枕。这位辩机不仅才华超众，而且容貌俊秀英飒，气宇不凡。高阳公主初见他便淫心荡漾，不久便与辩机私通。她送给辩机的钱财数以亿计，甚至不惜偷盗金宝神枕给辩机用。为了堵住丈夫的嘴，她甚至买了两个美女伺候房遗爱。房遗爱乐得享用美女，对妻子和辩机的勾当置若罔闻。

太宗听了御史的报告后，勃然大怒，“腰斩辩机，杀奴婢十余人”。高阳公主对父亲越发怨恨，甚至连太宗死的时候，她都“无戚容”。

高宗即位后，高阳公主再度挑唆丈夫与大哥房遗直“相讼”。高宗也很恼火，各打五十大板，将房遗爱贬为房州刺史、房遗直贬为隰州刺史。丈夫被贬，高阳索性更加放纵，竟与智勖等数名和尚私通，而且居然还暗中指使掖庭令陈玄运窥探皇宫内祈求鬼神祸福之事。

妻子如此，丈夫也好不到哪里去。房遗爱对高宗将自己贬官之事耿耿于怀。太宗的第十五驸马、丹阳公主之夫、大将薛万彻在永徽之初也因为犯事而被高宗贬官宁州刺史。他与房遗爱是好友，在入朝时，私下里对房遗爱诉说其对高宗的不满，并骄横地说："今虽病足，坐置京师，鼠辈犹不敢动。"

两人商定："若国家有变，当奉司徒荆王元景为主。"

荆王李元景是太宗的六弟、高宗的六叔。此人也是个野心家，早年曾对人说过，梦见自己手把日月。李元景的女儿是房遗爱三弟房遗则的妻子，因此与房遗爱相识，常有往来。此外还有太宗的七驸马、巴陵公主之夫、柴绍之子柴令武，借口巴陵公主生病，留在京师，暗中与房遗爱、薛万彻、李元昌等策划发动叛乱。

高宗对此毫不知情。没想到，高阳公主的恣意妄为却让房遗爱等人的阴谋意外败露。高阳公主深恨房遗直，指使小人诬告房遗直非礼自己。高宗派人调查。房遗直为了自保，便将房遗爱和高阳公主图谋作乱的事情告诉了高宗，并说："罪盈恶稔，恐累臣私门。"

高宗就派长孙无忌调查。长孙无忌查证属实。

按理说，只要处理房遗爱、薛万彻、柴令武、李元昌、高阳公主等人就可以了。但长孙无忌觉得，这是剪除一切异己势力的大好机会。因此，他罗织罪名，将所有没有参与此事的李泰余党以及所有在政见上与自己对立的人都牵连了进来。

安州都督吴王李恪，"名望素高，为物情所向"，曾是高宗太子之位的有力竞争者。长孙无忌想除掉他不是一天两天了，此时便骗房遗爱说，只要他说李恪也参与了他们的阴谋，便可以保他不死。愚蠢的房遗爱信以为真，就诬说李恪也参与了阴谋。

侍中宇文节本是长孙无忌的人，但是他和房遗爱关系很好。房遗爱下狱后，他多方走动，四处打点，意图营救房遗爱，因此而得罪了长孙无忌。长孙无忌就说他和房遗爱"交通"。

此外还有江夏王李道宗、左骁卫大将军执失思力（太宗的八驸马），仅仅是和长孙无忌政见不同。但长孙无忌借口他们与房遗爱"交通"，将他们统统牵连了进来。

在长孙无忌的有意夸大之下，高宗最终做出了极为严厉的惩处。永徽四年（公元 653 年）二月，他颁下诏书：房遗爱、薛万彻、柴令武皆判斩首，荆王李元景、吴王李恪、高阳公主、巴陵公主四人被赐自尽。

高宗友爱，不想处死荆王李元景和吴王李恪，曾问大臣：“荆王，朕之叔父，吴王，朕兄，欲匄其死，可乎？”

但长孙无忌的党羽、兵部尚书崔敦礼却坚决反对。最终，荆王李元景和吴王李恪自尽。

李恪临死前，大骂：“长孙无忌窃弄威权，构害良善，宗社有灵，当族灭不久！”

宇文节、李道宗、执失思力三家被流放岭南。

李恪的同母兄弟、高宗的六哥蜀王李愔被废为庶人。

房遗直本无罪，却还是被贬为春州铜陵尉。

薛万彻的弟弟薛万备则被流放交州。

甚至就连已死房玄龄的配飨都给停了。

长孙无忌这一网下去，废掉了一个宰相（宇文节）、两个公主（高阳公主和巴陵公主），根除房氏家族、柴氏家族、薛氏家族三大豪门，除去了房遗爱、执失思力、薛万彻、柴令武四位驸马和荆王李元景、吴王李恪、江夏王李道宗、蜀王李愔四个藩王。从此，朝廷之上，再无异己。

若照此情形发展下去，长孙无忌迟早会成为曹操那样的权臣。但一个女人的出现，却及时地阻击了他的野心，并最终让他命丧黄泉。

这个女人就是大名鼎鼎的武则天。

第三章

从小尼姑到皇后

——至尊红颜的传奇故事

对唐朝历史稍有些了解的人都知道，本章要讲的是中国历史上唯一的女皇帝——武则天的发迹故事。这位奇女子在历史上共留下了三个名字，分别是：武媚娘、武曌和武则天。不过，三者无一是其本名，其本名究竟为何，已不可考。

1. 从武才人到小尼姑

“媚娘”是太宗给武氏取的。贞观十一年（公元637年），武氏应诏入宫。太宗见其出落得妖娆妩媚、楚楚动人，故从此以“媚娘”名之。太宗死而高宗立，高宗在私下里仍直呼武氏为“媚娘”。“媚娘”之名一直用到高宗去世，前后共四十六年。

“武曌”是武氏在称帝后给自己取的新名字。永昌元年（公元689年）十一月，在武氏的授意下，时任凤阁侍郎的宗秦客制作了12个新字，这就是历史上知名的“则天文字”。其中之一便是“曌”字，意指日月当空，普照大地。武氏喜欢这个寓意，便更名为“武曌”。“武曌”之名一直用到武氏退位，前后共十六年。

“武则天”则是武氏退位后，由群臣给她上的尊号所演化来的名字。神龙元年（公元705年）正月二十二日，张柬之等发动“神龙革命”，迫使武氏让位于太子李显。李显即位后，率百官为武氏上尊号曰“则天大圣皇帝”。则，法则也；则天，即是以天为法则、向上天学习的意思。后世因此称武氏为武则天。

武氏之父，名为武士彟，字信，并州文水（今山西文水县东）人氏。武士彟从事木材买卖，家境殷实，是并州一带有名的富商。隋大业年间，李渊在任职河东、太原之时，曾多次在武家留住，与武士彟相识。武士彟以家族财富支持李渊反隋，因此在晋阳起兵后被李渊授为行军司铠参军。唐朝建立后，他历任工部尚书，黄门侍郎，判六尚书事，扬州都督府长史，利州、荆州都督等职。贞观中，累迁工部尚书、荆州都督，封应国公。

武士彟前后共有两位妻子。第一位是相里氏，为武士彟生了武元庆、武元爽两个儿子。相里氏死后，在唐高祖李渊的撮合下，武士彟又娶了隋朝皇族杨达（隋文帝族子、隋炀帝族兄、观德王杨雄弟）之女杨牡丹为妻。此时，杨牡丹已经四十多岁了，但却先后为武士彟生了三个女儿，其中的老二便是后来的一代女皇武则天。

武氏出生于高祖武德七年（公元 624 年）。太宗贞观九年（公元 635 年），武士彟去世，武氏年仅十一岁。武士彟死后，相里氏所生的武元庆、武元爽两兄弟“皆不礼于杨牡丹”。杨牡丹带着三个女儿寄人篱下，倍受白眼和欺凌，因而“深衔之”。武元庆、武元爽的举动为他们后来的杀身之祸埋下了伏笔。

三姐妹皆出落得貌美如花，其中又以武氏为最，艳名闻名于外，甚至都从利州（今四川省广元市利州区）传到了京城长安。贞观十一年（公元 637 年），武氏虚十四岁。太宗听说她长得漂亮，下诏让其入宫。

临入宫前，母女作别，杨牡丹极为悲恸，涕泪横流，但武氏却对母亲说：“侍奉圣明天子，岂知非福？为何还要哭哭啼啼、做儿女之态呢？”

武氏入宫后，太宗一见便惊为天人，因她长得妩媚动人，特赐名为“媚娘”，并封为五品才人。

但从贞观十一年（公元 637 年）到贞观二十三年（公元 649 年），武媚娘始终是才人，其地位一直没有得到提高。究其原因，主要有两方面：首先，太宗毕竟是一代明君圣主，其对美色虽喜爱却不贪恋，更不会痴迷其中而无法自拔；其次，武氏受到了谶语的牵连。

贞观后期，“太白屡昼见”，太史令李淳风占卜的结果是：“女主昌。”此外，民间又出现一部奇书——《秘记》。此书更进一步明确指出：“唐三世之后，女主武王代有天下。”史载：“上（指太宗）恶之”。

太宗最先怀疑的对象是李君羡。李君羡，洺州武安（今河北省南部，太行山东麓武安县）人。他初为瓦岗寨李密下属，后成为王世充的骠骑。因厌恶王世充的为人，李君羡率领其部属归附李渊，被授为轻车都尉。此后，他追随李世民东征西讨，立下了赫赫功勋。李世民即位后，授其为左卫府中郎将，后又改为左武侯中郎将，封武连县公，驻守在太极宫玄武门。

贞观二十二年（公元 648 年）七月，太宗于宫廷宴请诸位武官，行酒令，要求讲各自乳名。李君羡说自己的小名叫五娘子。

太宗听了，心里登时一惊，但面上却笑着掩饰道："既为女子，为何如此雄健勇猛？"

李君羡官居左武侯中郎将，封号武连县公，籍贯洺州武安，处处带武，且小名又叫五娘子。因此，太宗深度怀疑他就是谶语所说的"女主武王"，找了个借口将他革职，外放到华州（今陕西华县）任刺史。

华州当地民风崇尚修炼辟谷术，李君羡时常也随着修炼。御史借机弹劾李君羡与妖人勾结，图谋不轨，太宗遂下令将李君羡处决，"籍没其家"。

太宗曾秘密地问太史令李淳风："《秘记》所云，信有之乎？"

李淳风答道："臣仰稽天象，俯察历数，其人已在陛下宫中，为亲属，自今不过三十年，当王天下，杀唐子孙殆尽，其兆既成矣。"

太宗说："疑似者尽杀之，何如？"

李淳风又道："天之所命，人不能违也。王者不死，徒多杀无辜。且自今以往三十年，其人已老，庶几颇有慈心，为祸或浅。今借使得而杀之，天或生壮者肆其怨毒，恐陛下子孙，无遗类矣。"

太宗只得打消了"疑似者尽杀之"的念头。

其实，我们都知道，谶语所说的"女主武王"就是武媚娘。但太宗很难把千娇百媚的媚娘和"当王天下，杀唐子孙殆尽"的"女主武王"联系起来，直到一件小事的发生。

太宗爱马，西域大宛国特进献千里马一匹，名狮子骢。此马刚烈，宫中无人能够驯服它，太宗屡屡望马兴叹。

一次，恰值武媚娘侍奉在侧，见状便脱口而出："妾能制之，然须三物，一铁鞭，二铁檛，三匕首。"

太宗听了，十分感兴趣，就问她具体要怎么办。

武媚娘面不改色地说："铁鞭击之不服，则以檛挝其首，又不服，则以匕首断其喉。"

太宗听了，马上意识到此女绝非泛泛之辈，虽然嘴上连连夸奖她的志气，但内心里就从此对她生出了怀疑和嫌憎。

驯马之说见于《资治通鉴》，当为史实。但据史料记载，武媚娘当时只是阐述了自己的驯马方法，并未尝试操作。央视 1995 年版《武则天》中，刘晓庆饰演的武媚娘却成功地驯服了狮子骢，当为文学演绎，不足采信。

就因为一句显露锋芒的话，武媚娘便失宠了。直到贞观二十三年（公元 649 年），太宗病入膏肓。武媚娘为了取悦太宗，积极侍奉，跑前跑后。恰好时为太子的李治“入侍太宗”。两人于太宗的病榻前邂逅。李治为武媚娘的绝世容颜所征服，从此不可救药地爱上了这个女人。而已经在宫中待了十二年的武媚娘也意识到这或许是改变自己未来命运的一个机会，因此便半推半就，与李治眉来眼去。

但她万万没有想到，五月二十六日，太宗驾崩。依制，所有未生育子女的太宗嫔妃们均须入长安感业寺为尼。武媚娘虽入宫十二年，却未为太宗生下一男半女，只能斩断青丝，入感业寺为尼。

这一年，她年仅二十五岁，风华正茂，可未来却一片黯淡。

2. 小尼姑二进宫

让一个妙龄女子常伴青灯古佛，这无疑是人世间最悲惨的事情之一了。武媚娘对这样的生活状态当然不满意，但现实是如此的残酷，她一个弱女子只能被迫承受。在冗长的黑夜里，李治是她唯一的光。但此时的李治已经贵为天子，武媚娘想要见到他，几乎是不可能的事情。现实越是苦闷，她对李治的思念就越是强烈。在无比复杂与痛苦的心绪下，武媚娘写下了她这一生最有名的诗歌——《如意娘》：

看朱成碧思纷纷，憔悴支离为忆君。
不信比来长下泪，开箱验取石榴裙。

我心绪纷乱，精神恍惚，把红的都看成绿的了。为什么如此憔悴呢？就是因为整天想着你。如果你不相信我每天因为思念你而默默落泪的话，你就打开箱子看看我的石榴裙吧，那上面可是洒满了我斑驳的泪迹呢。

毫无疑问，这首不如意之人写就的《如意娘》是一首感情真挚、催人泪下的情诗。诗中的“看朱成碧”一词竟意外走红，成为唐宋文人在诗词中常用的词语。李白曾写过“催弦拂柱与君饮，看朱成碧颜始红”的句子。辛弃疾也有“倚栏看碧成朱，等闲褪了香袍粉”的佳句。

《如意娘》刚一写就，便迅速风靡长安城，很快就传到了高宗的耳朵里。高宗初做皇帝，满是手握乾坤的新鲜与亢奋，且身边嫔妃环绕、美女如云，早把当年的武媚娘忘到九霄云外了。直到读到这首催人泪下的情诗，他才想起了那个千娇百媚的媚娘，就再也坐不住了。

永徽元年（公元 650 年）五月二十六日，也就是太宗去世周年忌日的这天，高宗借机到感业寺行香。分别近一年的两人终于再度聚首。虽然史书上只留下“武氏泣，上亦泣”六个字，但想来二人相见的场面，定是“执手相看泪眼，竟无语凝噎”，相当之感人肺腑。

高宗与武媚娘相会的感人情景，被一个人看在了眼里。这个人就是高宗的发妻——王皇后。

王皇后因不能生育，受高宗的冷落已经很久了。当时，高宗所宠幸的乃是淑妃萧氏。萧氏因漂亮聪慧且出身良好（南朝士族兰陵萧氏），早在高宗还是太子时，就被选入东宫，封为良娣。她不仅长得漂亮，而且肚子十分争气，此时已先后为高宗生了第四子许王素节、长女义阳公主、次女高安公主共一子两女，因此很得高宗的欢心。萧淑妃不仅想让儿子素节当太子，而且还想当皇后，因此对无子的王皇后构成了严重威胁。

王皇后深恨萧淑妃，视其为头号劲敌。当她看到高宗与武媚娘重逢的情形后，立即意识到：这是一个遏制萧淑妃的好机会。因此，她主动向高宗提出：将武媚娘重新迎入宫中。高宗早有此意，但只是不好向她开口，此时见她竟主动提出，当即应允。

王皇后的如意算盘是：高宗深爱武媚娘，武媚娘若能入宫，定能使萧淑妃失宠；同时，她是武媚娘的再造恩人，武媚娘必定对她感恩戴德，俯首帖耳。以一个易于控制的武媚娘扳倒处处与她作对的萧淑妃，实在是再合适不过了。因此，她才提出让武媚娘回宫，并立即让武媚娘蓄发。

又过了一年，到永徽二年（公元 651 年）五月，武媚娘又生出了满头秀发，同时高宗的孝服已满（孝服期为两年），时机终于成熟了。于是，武媚娘就这样回到了宫中。在中国历史上，唯一一个由宫人变成尼姑、再由尼姑变回宫人的后妃，只有武媚娘一人，堪称旷古绝今的经典。前不久热播的《甄嬛传》一剧中，甄嬛出宫为尼、后又回宫的桥段，显然是照搬照抄了武则天的故事。只不过，武则天的经历是完全真实的，而甄嬛甚至连人都是假的。

王皇后所料果然不错，武媚娘回宫后，不仅对她“卑辞屈体”，而且很快就让萧淑妃失了宠。王皇后因此而“数称其美于上”。但不久后，她就开心不起来了。

在过去的一年里，高宗多次到感业寺“宠幸”武媚娘。给太宗做了十二年的女人都未怀孕的武媚娘竟然怀上了高宗的孩子。回宫后第二年，即永徽三年（公元652年），她便为李治生了一个孩子，而且还是个男孩儿，正是高宗第五子李弘。高宗大喜过望，立即册封武媚娘为二品昭仪。

王皇后这时才意识到，自己是前门驱狼，后门入虎，搬起石头砸了自己的脚，她转而和萧淑妃结成同盟，“更相与共谮之（指武昭仪）”，但一切为时已晚，高宗“皆不纳”。

进入永徽五年（公元654年），已在宫中站稳了脚跟的武昭仪盯上了皇后宝座，开始向昔日的恩人发难。王皇后的舅舅、时任中书令的柳奭已然看出王皇后形势不妙，“内不自安”，想要试探高宗的态度，便主动提出“请解政事”。果然，高宗顺势将其罢为吏部尚书。王皇后一族更加着急。王皇后的母亲魏国夫人柳氏和柳奭频繁出入后宫，与王皇后商量应对之策。

但王、柳二家皆出身豪门大族，对宫中的宫人态度十分恶劣。而聪明的武昭仪则敏锐地捕捉到了他们的这个缺陷，“伺后所不敬者，必倾心与相结，所得赏赐分与之”。因此，阖宫上下，人人都说武昭仪好，人人都是武昭仪的眼线。史载：“由是，后及淑妃动静，昭仪必知之”，并“皆以闻于上”。

武昭仪想当皇后，但问题是：王皇后无错，且高宗念及结发之情，并不想废掉王皇后。

3. 武昭仪的皇后之路

为了让高宗生出废后之心，心狠手辣的武昭仪竟想出了一条前无古人后无来者的毒计。

就在这一年年初，武昭仪又为高宗生了一个女儿。公主满月后，王皇后出于礼节，前来探望。不能生育的她见到孩子就喜欢，一个劲儿地逗公主玩。探望结束后，王皇后离去。武昭仪趁四下无人，将公主掐死，又盖上被子。高宗回宫之后，她嬉笑撒娇，让丈夫去看看可爱的女儿。高宗高兴地掀开被子，却发现可爱的公主早已死了，顿时惊呆了。

武昭仪号啕大哭，作势问身边的人是怎么回事。

身边的人都说："皇后适来此。"

高宗大怒曰："后杀吾女！"

王皇后"无以自明"。

此后，高宗便下定决心，要废掉王皇后了，但他深知这会遭到大臣们的反对。群臣之首为长孙无忌，要想让群臣同意废后，必须得先过了长孙无忌这一关。

因此，高宗和武昭仪经过商量，"载金宝缯锦十车"，亲临长孙无忌的府邸。长孙无忌早已知道二人所来为何，但故意不说破，正常招待。"酣饮极欢"之际，高宗借着酒劲，当场就策拜长孙无忌的三个儿子为朝散大夫，并将所带金银赏赐给长孙无忌。高宗以王皇后没有子嗣为话题，对长孙无忌旁敲侧击。但长孙无忌故意"对以他语"，"竟不顺旨"。结果，高宗和武昭仪十分不悦，酒席不欢而散。

长孙无忌权大势大，且是高宗的亲舅舅，他不答应，高宗也没办法。但武昭仪不甘心，让母亲杨牡丹先后数次"诣无忌第"，"屡有祈请"。长孙无忌就是不肯答应。武昭仪还是不甘心，又让礼部尚书许敬宗规劝长孙无忌。长孙无忌对许敬宗可就没有对杨牡丹那么客气了，"厉色折之"。至此，武昭仪对长孙无忌彻底死了心。

如此拖了半年，武昭仪另辟蹊径，从两处下手：

一方面，对王皇后的娘家人下手。永徽六年（公元 655 年）六月，她指使宫人诬告王皇后及其母魏国夫人柳氏行厌胜[④]之术。高宗听了，越发生气，发布禁令，从此不允许魏国夫人柳氏入宫。一个月后，他又将吏部尚书柳奭贬为遂州（今四川遂宁）刺史。柳奭刚走到扶风，又被贬到更远的荣州（今四川自贡）任刺史。

另一方面，既然不能直接当上皇后，那就先当个妃子过渡下。但这个也有困难。因为，唐因隋制，后宫有贵妃、淑妃、德妃、贤妃四个妃位，皆为一品。此时，这四个妃位都被别人占着。高宗便发动聪明才智，想创设一个宸妃之位给武昭仪。但此时的长孙无忌已经决心要阻击武昭仪了，他暗中指使韩瑗、来济予以破坏。韩瑗、来济以无先例为由，极力反对高宗创设宸妃。

④ "厌胜"意即"厌而胜之"，系用法术诅咒或祈祷以达到制胜所厌恶的人、物或魔怪的目的。

高宗无奈，只得作罢。

长孙无忌势大，武昭仪本不想与他为敌。但长孙无忌暗中破坏宸妃之举，已使她意识到：长孙无忌是她前进之路上必须根除的绊脚石。同时，高宗对这位舅舅的专权之举也已有所察觉和不满了，他想借着废后之事，狠狠打击长孙无忌一党，以此为契机摆脱长孙无忌的控制。于是，夫妻一心，同斗舅舅。

但光有他们两个是不够的，高宗在朝廷中极端孤立，急需朝堂上有人替他们说话，但满朝都是长孙无忌的人。高宗和武昭仪一筹莫展，正在朝思暮想之际，有人却主动贴了上来。这个人叫作李义府。

李义府，瀛州饶阳（今河北饶阳县）人，生于隋炀帝大业十年（公元614年），自小聪慧，以才具而被刘洎、马周、李大亮等人推荐给太宗。太宗久闻其名，初次召见，令李义府以“乌”题诗。李义府略一思索，便吟诵道：“日里飏朝彩，琴中闻夜啼。上林如许树，不借一枝栖。”太宗见他思维敏捷，才华横溢，龙颜大悦：“我当全林借汝，岂独一枝耶？”事后，太宗即以李义府为门下省典仪，不久升任监察御史，诏侍晋王李治。

李治被拜为太子后，李义府又任太子舍人，加崇贤馆直学士。他和来济二人俱以文翰著称，时人有“来李”的名誉，可见其才华文章之出众。李治登基后，即以李义府为中书舍人，后又加弘文馆学士、中书侍郎、太子右庶子等职，并进爵为侯，参知政事。

李义府“容貌温恭，与人语，必嬉怡微笑”，一副谦谦君子的模样；但实际上德行却极其不堪，“狡险忌克”。当时的人都说他是笑里藏刀，“又以其柔而害物”，所以给他起了个外号叫李猫。

可现在，这只狡猾的猫却犯在了长孙无忌的手里。长孙无忌很讨厌他，便找了个由头，要将他贬为壁州（今四川通江）司马。此事本已玉成，但贬官的命令尚未下达。李义府提前收到了消息，便问计于中书舍人王德俭。

对于当前朝廷的局势，王德俭看得十分明白，他对李义府说：“上欲立武昭仪为后，犹豫未决者，直恐宰臣异议耳。君能建策立之，则转祸为福矣。”

王德俭看得明白，却不敢行动，生怕得罪了长孙无忌。而李义府则是个彻头彻尾的政治投机主义者，他听了王德俭的话，当天便“叩阁上表”，提出：“请废皇后王氏，立武昭仪，以厌兆庶之心。”

李义府的上奏对高宗而言，无异于久旱终逢甘霖。他龙颜大悦，立即召见李义府，“与语”，并“赐珠一斗，留居旧职”。武昭仪也偷偷派人“劳勉之”。不久后，李义府便被擢升为中书侍郎。

一个本该贬官的人，仅仅因为上了一道支持高宗废立皇后的奏疏，不仅没有被贬官，反而得到了提升。这使朝中的政治投机者们看到，跟着武昭仪，就是跟着皇上，就能加官晋爵。于是，很快，卫尉卿许敬宗、御义大夫崔义玄、中丞袁公瑜就汇聚到武昭仪的旗帜下。很快，朝堂之上就出现了一个新的政治集团——武党。

有了武党大臣们的支持，高宗的腰杆儿开始硬了起来。一时间，皇上将废掉王皇后的说法便传得满城风雨。时任长安令的名帅裴行俭认为，若立武昭仪为后，“国家之祸必由此始”。他与长孙无忌、褚遂良私议其事。武昭仪的党徒袁公瑜听说后，立即密报武昭仪之母杨牡丹，杨牡丹又告诉了女儿。不久后，裴行俭就被发放到西域，“左迁西州都督府长史”。

高宗显然是在向长孙无忌和褚遂良传递这样的信息：你们的议论我都知道了。

朝中有人遥相呼应，高宗便决心要摊牌了。这日，退朝后，高宗口谕召长孙无忌、李勣、于志宁、褚遂良四人入内殿议事。

入殿之前，褚遂良已经意识到高宗要摊牌了，因此对其余三人说：“今日之召，多为中宫，上意既决，逆之必死。太尉元舅，司空功臣，不可使上有杀元舅及功臣之名。遂良起于草茅，无汗马之劳，致位至此，且受顾托，不以死争之，何以下见先帝！”

老奸巨猾的李勣不想夹在中间，索性“称疾不入”。长孙无忌等三人只得硬着头皮入见。

内殿里，高宗早已等候多时，一见三人便说：“皇后无子，武昭仪有子，今欲立昭仪为后，何如？”

褚遂良抢先表态：“皇后名家，先帝为陛下所娶。先帝临崩，执陛下手谓臣曰：‘朕佳儿佳妇，今以付卿。’此陛下所闻，言犹在耳。皇后未闻有过，岂可轻废！臣不敢曲从陛下，上违先帝之命！”

高宗见他搬出先帝，“不悦而罢”。

第二天，他又问及此事。

褚遂良又说：“陛下必欲易皇后，伏请妙择天下令族，何必武氏！武氏经事先帝，众所共知，天下耳目，安可蔽也。万代之后，谓陛下为如何！愿留三思！臣今忤陛下，罪当死！”

这句话既直接揭了武昭仪的老底，又戳中了高宗的痛处。高宗暴怒。褚遂良索性“置笏于殿阶，解巾叩头流血”，并坚决地说：“还陛下笏，乞放归田里。”

盛怒的高宗命人将褚遂良拖出。此时，躲在帘子后面的武昭仪大声对高宗说：“何不扑杀此獠！”

眼见褚遂良小命不保，长孙无忌只得出言相助：“遂良受先朝顾命，有罪不可加刑！”

三人中的于志宁从始至终，都没敢说一句话。

长孙无忌见高宗废立之意已决，妄图再做最后一搏，就指使韩瑗上奏谏止。但高宗“皆不纳”。李勣狡猾，谁都不想得罪。高宗偏要问他：“朕欲立武昭仪为后，遂良固执以为不可。遂良既顾命大臣，事当且已乎？”

李勣见躲是躲不过了，便说：“此陛下家事，何必更问外人！”

他的这句话坚定了高宗废后的心意。

此时，武党的许敬宗也公开在朝中造势：“田舍翁多收十斛麦，尚欲易妇；况天子欲立一后，何豫诸人事而妄生异议乎！”

高宗开始出手了。首先便是将褚遂良贬为潭州（今湖南长沙）都督。十月，他正式下诏称：“王皇后、萧淑妃谋行鸩毒，废为庶人，母及兄弟，并除名，流岭南。”

许敬宗提醒他：“故特进赠司空王仁佑告身尚存，使逆乱余孽犹得为廕，并请除削。”

高宗准奏。长孙无忌束手无策。

百官们见长孙无忌已经失去了对皇帝的控制，纷纷改换阵营，并“请立中宫”。高宗随即正式下诏策拜新后，称：“武氏门著勋庸，地华缨黻，往以才行选入后廷，誉重椒闱，德光兰掖。朕昔在储贰，特荷先慈，常得待从，弗离朝夕，宫壶之内，恒自饬躬，嫔嫱之间，未尝迕目，圣情鉴悉，每垂赏叹，遂以武氏赐朕，事同政君，可立为皇后。”

十一月初，高宗举行封后仪式，执礼人就是李勣。

武昭仪从此变作了武皇后。

4. 换立太子

王皇后、武氏、萧淑妃三个女人一台戏，最终还是武氏笑到了最后。其实，武后起初并没有杀害王皇后和萧淑妃的意思，但一件小事的发生，使她认识到：斩草须得除根。

王皇后和萧淑妃被废为庶人后，囚禁后宫别院。多情的高宗不久后又想起了二人，他抽空来到了别院，却惊奇地发现，“其室封闭极密，唯窍壁以通食器”，顿时“恻然伤之，呼曰：‘皇后、淑妃安在？’”

王皇后和萧淑妃二女潸然泪下：“妾等得罪为宫婢，何得更有尊称！”

高宗之所以执意废二人，其实也不全是因为对二人有意见，更主要的是奔着舅舅长孙无忌去的，此时见昔日的后妃竟然落到这般田地，心中十分难过。王皇后和萧淑妃趁着高宗伤心，提出了一个要求：“至尊若念畴昔，使妾等再见日月，乞名此院为回心院。”

不想，正是这个消息让她们丧了命。高宗当即应允：“朕即有处置。”

后宫满是武后的眼线。不久后，高宗私见二人以及各人对话便全部传到了武后那里。武后听了，勃然大怒，立即派人“杖王氏及萧氏各一百”。王、萧二女身娇肉贵，吃了一百杖，已经是去了半条命了。

但武后还不解恨，又命人斩去她们的四肢，将残躯放入大酒瓮当中，还恶狠狠地说：“令二妪骨醉！”王、萧二女的伤口创面大，且为酒水所浸泡，其痛苦无法想象，日夜号哭。

几天后，装在酒瓮中的两个人仍然没死，武后便逼着高宗下诏赐死。行刑官奉旨来到囚室，宣读诏书。

王皇后仁弱，自知必死无疑，为了保全家人，只得说：“陛下万年，昭仪承恩，死吾分也！”

萧淑妃素来泼辣，破口大骂武后：“武氏狐媚，翻覆至此！我后为猫，使武氏为鼠，吾当扼其喉以报！”

二人旋即被斩首。为了羞辱丑化二人，武后又将王氏改姓为蟒氏，萧氏改为枭氏。

或许是做贼心虚吧，武后时常梦见王、萧二女的冤魂前来索命，“被发沥血如死时状”，因此不得不由太极宫搬入长安郊外的夏宫——蓬莱宫，但还是经常梦到二人，最后索性徙居洛阳。此后一直到她逝世，武后“多在洛阳，终身不归长安”。

废王立武之后，高宗随即下诏改元，将永徽七年改为显庆元年（公元656年）。改元之事象征着长孙无忌传奇的终结，从这一刻起，长孙无忌已经完全丧失对高宗、对朝廷的控制，高宗朝的历史又进入了一个崭新的阶段。

第四章

长孙无忌谋反案

——武后完全把控朝政

长孙无忌集团因坚定地反对废王立武，而得罪了武氏。但武氏排除万难，最终还是登上了皇后宝座。武后深知，长孙无忌等人是她前进路上必须且不得不根除的绊脚石。因此，她重用李义府、许敬宗等人，开始向长孙无忌集团发动猛烈进攻。

1. 迫害褚韩来柳

因为在废王立武的问题上第一个站出来支持高宗，李义府成了高宗和武后跟前的大红人。小人得志便猖狂，此乃千古不易之理。李义府“恃宠用事”，日渐嚣张跋扈起来。

当时，洛州有一美妇人唤作淳于氏，因罪而下入大理狱。淳于氏放荡，李义府好色，两人早先便已勾搭成奸。值此存亡之际，淳于氏向李义府求救。李义府想趁机将淳于氏收为禁脔，便使大理寺丞毕正义枉法裁判，无罪释放淳于氏。

正要纳淳于氏为妾之际，大理卿段宝玄却将此事捅了出来。高宗立即命给事中刘仁轨等人进行调查。李义府担心事情败露，逼着毕正义自缢于狱中。但高宗最后还是知道了事情的来龙去脉，不过，他却“原义府罪不问”。李义府深恨刘仁轨，不久即找了个借口，将刘仁轨贬任青州（今山东青州）刺史。

唐初的政治氛围很好，朝廷里正直之士极多，走了刘仁轨，还有王义方。

时任侍御史的王义方刚直不阿，决心继续弹劾李义府，但他深知此事风险极大，便在上奏前去问母亲："义方为御史，视奸臣不纠则不忠，纠之则身危而忧及于亲为不孝，二者不能自决，奈何？"

王母也是个深明大义的人，鼓励儿子说："昔王陵之母，杀身以成子之名。汝能尽忠以事君，吾死不恨！"

王义方于是上奏给高宗说："义府于辇毂之下，擅杀六品寺丞；就云正义自杀，亦由畏义府威，杀身以灭口。如此，则生杀之威，不由上出，渐不可长，请更加勘当！"

王义方是御史，弹劾官员的过失乃是其本职所系，高宗无奈，只得让他上朝对仗。上朝当日，王义方大声呵斥李义府，令其退下。李义府针尖对麦芒，"顾望不退"。王义方连着"三叱"，李义府见高宗不说话，只好退下。王义方于朝堂上公然宣读了弹劾李义府的奏章。可高宗有心袒护李义府，不仅"释义府不问"，反而怪罪王义方"毁辱大臣，言辞不逊"，将其贬为莱州（今山东莱州市）司户。

武氏深恨长孙无忌阻挠废王立武，因此在登上皇后宝座后，立即加紧了对长孙无忌集团的围剿，首当其冲的便是长孙无忌最重要的三个盟友：褚遂良、韩瑗和来济。李义府则积极地充当武后的政治打手，千方百计地陷害三人。

韩瑗，字伯玉，京兆三原（今陕西三原）人。其祖父韩绍，隋朝时曾任太仆少卿。父亲韩仲良，武德初年任大理少卿，曾参与《武德律》的制定，贞观年间，位至刑部尚书、秦州都督府长史、颍川县公。韩瑗少年有节操，博学有吏才，后来在贞观年间，累官兵部侍郎，袭父爵为颍川公。永徽三年（公元 652 年），高宗任命韩瑗为黄门侍郎，同中书门下三品，监修国史。永徽五年（公元 654 年），又加封银青光禄大夫。永徽六年（公元 655 年），担任侍中，兼太子宾客。

来济乃东汉名将来歙十九世孙。高祖来成，北魏新野县侯，后降梁，迁居广陵，遂以此为家。父亲来护儿，隋朝名将，曾担任左骁卫大将军、左翊卫大将军、光禄大夫、开府仪同三司等职，封荣国公，恩礼隆密，朝臣无比。大业十四年（公元 618 年），右屯卫将军宇文化及发动政变，弑杀隋炀帝。来护儿不屈于叛军，被宇文化及杀害。同时遇害的还有来济的大哥来楷、五哥来弘和六哥来整。只有来济和哥哥来恒因为太小没有被杀。

来济家族遭难后，流离艰险，而笃志好学，有文词，善谈论，尤晓时务。武德时举进士。贞观年间，任通事舍人，后迁中书舍人，与令狐德棻等撰

《晋书》。永徽二年（公元651年），拜中书侍郎，兼弘文馆学士，兼修国史。永徽四年（公元653年），加同中书门下三品。永徽六年（公元655年），拜中书令、检校吏部尚书。

他们两个都是长孙无忌提拔起来的人，因此素来与长孙无忌同气连枝、同进同退。高宗提出要创设宸妃的想法后，韩瑗和来济根据长孙无忌的指示，予以极力反对，致使高宗的动议流产，因此而招致了武氏的怨恨。武氏封后后，虽然上表对高宗说："陛下前以妾为宸妃，韩瑗、来济面折庭争，此既事之极难，岂非深情为国！乞加褒赏。"但实际上，却恨不得将二人食髓寝皮。

褚遂良是韩瑗的挚友，因为激烈阻挠高宗废王立武，已于永徽六年（公元655年）九月被贬为潭州（今湖南长沙）都督了。韩瑗不顾个人安危，屡屡向高宗上书，替褚遂良申冤抱屈。

显庆元年（公元656年），他再度上书，为褚遂良求情："遂良体国忘家，捐身徇物，风霜其操，铁石其心，社稷之旧臣，陛下之贤佐。无闻罪状，斥去朝廷，内外甿瑁咸嗟举措。臣闻晋武弘裕，不贻刘毅之诛；汉祖深仁，无恚周昌之直。而遂良被迁，已经寒暑，违忤陛下，其罚塞焉。伏愿缅鉴无辜，稍宽非罪，俯矜微款，以顺人情。"

高宗对他说："遂良之情，朕亦知之。然其悖戾好犯上，故以此责之，卿何言之深也！"

韩瑗又说："遂良社稷忠臣，为谗谀所毁。昔微子去而殷国以亡，张华存而纲纪不乱。陛下无故弃逐旧臣，恐非国家之福！"

但高宗始终不听。韩瑗便请求"乞归田里"，但高宗偏不允许。

李义府见韩瑗为高宗所拒绝，知道高宗绝对不会再起用褚遂良了，索性落井下石。他想起了一笔陈年旧账。当年，刘洎因为支持魏王李泰而受到了长孙无忌、褚遂良等人的仇视。贞观十九年（公元645年），褚遂良上书诬陷刘洎，致使刘洎为太宗所杀。刘洎的儿子对此事一直耿耿于怀。李义府找到他，煽动他上书高宗，为刘洎翻案，并严惩褚遂良。刘洎之子于显庆元年（公元656年）年底上奏高宗。

高宗当年就知道事情的来龙去脉，对刘洎颇为同情，并因此而对褚遂良全无好感。看了刘洎之子的上奏后，他真的动了杀褚遂良的心思。高宗询问大臣们的意见，大臣们"希义府之旨"，都说刘洎的确是被冤枉的。

正要处置褚遂良之际，长孙无忌一派的给事中乐彦玮却站了出来，拿太宗来压高宗："刘洎大臣，人主暂有不豫，岂得遽自比伊、霍！今雪洎之罪，谓先帝用刑不当乎！"

高宗想想也是，为刘洎翻案，就相当于说太宗当年犯错了，因此就将此事搁置了。

长孙无忌知道武后、李义府对褚遂良是必欲除之而后快，为了保护褚遂良，显庆二年（公元 657 年）三月，他上奏高宗，将褚遂良由潭州都督调任桂州都督。桂州远在今天的广西，长孙无忌相信，武后鞭长莫及，害不了褚遂良。

但他想错了。武后指使李义府、许敬宗务必要整死褚遂良。李义府、许敬宗经过商量，生出一条毒计。七月，两人上书高宗说，桂州乃边防重镇，驻军极多，褚遂良对陛下不满，意图以桂州为依托，勾结朝中的韩瑗、来济二人，图谋不轨。经过武后的煽风点火，高宗信以为真，于八月下诏，将来济贬官台州（今浙江台州）刺史，柳奭贬官象州（今广西来宾）刺史；韩瑗和褚遂良被贬得最远，一个被贬至振州（今海南三亚）任刺史，一个被贬至爱州（今越南北境清化）刺史。

上述四人，"终身不听朝觐"，就是说，这辈子都不可能再回到京城了。

至此，长孙无忌三大臂膀被尽数折断。

褚遂良满心悲愤与冤屈，抵达爱州后，便上书高宗。在书中，曾是两朝重臣元老的褚遂良再也顾不上自己的身段了，竟唠叨其当年帮助高宗入主东宫的旧事来："往者濮王、承乾交争之际，臣不顾死亡，归心陛下。时岑文本、刘洎奏称'承乾恶状已彰，身在别所，其于东宫，不可少时虚旷，请且遣濮王往居东宫。'臣又抗言固争，皆陛下所见。卒与无忌等四人共定大策。及先朝大渐，独臣与无忌同受遗诏。陛下在草土之辰，不胜哀恸，臣以社稷宽譬，陛下手抱臣颈。臣与无忌区处众事，咸无废阙，数日之间，内外宁谧。"除了提醒高宗不要忘了旧情外，他还苦苦哀求高宗："力小任重，动罹愆过，蝼蚁余齿，乞陛下哀怜。"

但高宗置若罔闻。

褚遂良悲痛欲绝，健康状况每况愈下，第二年便病死了，享年六十三岁。

褚遂良除是初唐重臣、官居宰相外，还是一代文宗。他工书法，初学虞世南，后取法王羲之，与欧阳询、虞世南、薛稷并称"初唐四大家"，其传世的《孟法师碑》《雁塔圣教序》等作品都是不可多得的书法珍品。褚遂良死后第四十六年，也就是唐中宗神龙元年（公元 705 年），才得到了平反。玄宗天宝六年（公元 747 年），玄宗将他以功臣身份配祀于高宗庙中。德宗贞元五年

（公元 789 年），德宗又将他图形凌烟阁，以示褚遂良与唐初的开国元勋们有同样的功劳。

2. 炮制长孙谋反冤案

褚遂良病死，韩瑗流放海南，来济被贬浙江，朝中的长孙无忌陷入了极端的孤立当中。武后即指使许敬宗、李义府等人加紧迫害长孙无忌。

李义府摩拳擦掌，正要对长孙无忌下手，没想到他自己却出事儿了。

李义府春风得意，全家上下都蒙受皇恩，他的几个儿子（最小的一个还在襁褓当中）“并列清贵”，富贵可谓极矣。但他还不知足，全家动员齐上阵，大肆卖官鬻爵。史载：李义府“其门如市，多树朋党，倾动朝野”。不过此时的他只是兼中书令（即正中书令），中书令是杜正伦。

杜正伦，相州洹水（今河北魏县）人。隋文帝仁寿年间，他和大哥杜正玄、二哥杜正藏都考上了秀才。这是一个相当了不起的成就。要知道，整个隋代，考取秀才的一共才十几个人，而杜正伦一家就出了三个秀才，因此颇为时人所称道。

贞观元年（公元 627 年），魏征上表推荐杜正伦，认为古今以来难有人比得上他，于是杜正伦被提拔授予兵部员外郎之职。贞观二年（公元 628 年），杜正伦被授给事中兼知起居注的官职。贞观四年（公元 630 年），杜正伦连续升官做到中书侍郎。两年后，他担任散骑常侍，兼摄太子（李承乾）右庶子。杜正伦多次劝谏，太子不接受，他就把太宗说的话告诉太子。太子上表把这事报告了太宗。太宗很生气，把杜正伦逐出朝廷，让他担任谷州刺史，接着又降为交州都督。后来李承乾图谋叛逆，事情牵涉到侯君集，说派侯君集将金带送给杜正伦，因此被发配流放到横州。

高宗即位后，重用杜正伦。显庆元年（公元 656 年），杜正伦授黄门侍郎，兼崇贤馆学士，寻同中书门下三品。显庆二年（公元 657 年），兼度支尚书，仍依旧知政事。不久后，又拜相中书令，兼太子宾客、弘文馆学士，进封襄阳县公。

李义府恃宠而骄，完全不把身为中书省最高长官的杜正伦放在眼里。杜正伦对此极为生气。二人遂生出嫌隙，最后竟发展至在高宗面前争吵的地步。高宗“以大臣不和，两责之”，贬杜正伦为横州刺史，李义府为普州刺史。

李义府被贬官后，迫害长孙无忌的重任便由武党另一巨头——许敬宗担当了起来。

许敬宗，字延族，杭州新城（今浙江富阳）人。其父为隋朝一代名臣许善心。隋大业中期，许敬宗考中秀才，任淮阳书佐。不久，值班于谒者台，负责接待、传送文书。大业十四年（公元 618 年），宇文化及发动政变，杀许善心，许敬宗哀求，得免一死。他立即投奔瓦岗军，为李密记室，与魏征一起掌管文书。李密失败后，许敬宗归顺唐朝，被补为涟州别驾。秦王李世民听说了他的名声，召他为秦府学士。

贞观八年（公元 634 年），许敬宗被任命为著作郎，兼修国史，升迁为中书舍人。贞观十年（公元 636 年）六月，长孙皇后去世。百官为长孙皇后服丧期间，许敬宗看见率更令欧阳询样貌丑而大笑，被御史揭发，贬为洪州都督府司马。后又迁给事中，仍兼修国史。贞观十七年（公元 643 年），他因完成《武德实录》《太宗实录》的撰写工作，被封为高阳县男，赐物八百段，代检校黄门侍郎。李治为太子后，迁太子右庶子。贞观十九年（公元 645 年），太宗亲自出征攻打高句丽，皇太子留守定州处理国政，许敬宗与高士廉等一起执掌机密的要政。中书令岑文本死在行所，朝廷令许敬宗检校（代理）中书侍郎。贞观二十一年（公元 647 年），许敬宗加封为银青光禄大夫。高宗即位后，许敬宗代于志宁为礼部尚书。许敬宗把女儿嫁给少数民族部族之长冯盎的儿子，收纳了很多金银珠宝，被有司揭发，降任郑州刺史。永徽三年（公元 652 年），许敬宗又入朝担任卫尉卿，加弘文馆学士，兼修国史。

许敬宗也算是个有才学之人，但多年宦海浮沉，已使他成了一个老道的官场油子。重新回朝的许敬宗看出武氏能有效地掌控高宗，因此主动拜投在武氏门下，在废王立武一事中立下了大功，从此这个混迹官场多年的边缘人平步青云，升礼部尚书，后又拜相侍中。李义府、杜正伦被贬后，许敬宗又任中书令。此时的长孙无忌惶惶不可终日。武后便指使许敬宗“伺其隙而陷之”。许敬宗本就对长孙无忌早有怨恨之心，因此十分卖力。

显庆四年（公元 659 年）三月，机会来了。

洛阳人李奉节状告太子洗马韦季方、监察御史李巢缔结朋党。高宗就让许敬宗调查此案。此事本属子虚乌有，但许敬宗却“按之急”，韦季方为了宣示清白，便挥刀自刺，但是没有死成。韦季方毕竟是朝廷大臣，他为什么要自杀，许敬宗必须向高宗做出合理解释。可狠毒的许敬宗却策划了一个大阴谋，故意把长孙无忌牵扯到这件事情里来。

他向高宗上奏说，韦季方本来是要和长孙无忌合谋构陷忠臣近戚的，因为阴谋败露，所以才自杀。

高宗听了，当然不信："岂有此邪！舅为小人所间，小生疑阻则有之，何至于反！"

但许敬宗却说："臣始末推究，反状已露，陛下犹以为疑，恐非社稷之福。"

高宗对他极为倚重，此时见他这么说，心中便信了七八分，潸然泪下道："我家不幸，亲戚间屡有异志，往年高阳公主与房遗爱谋反，今元舅复然，使朕惭见天下之人。兹事若实，如之何？"

许敬宗口才极好，见高宗提起房遗爱旧事，便趁机一针见血地指出："遗爱乳臭儿，与一女子谋反，势何所成！无忌与先帝谋取天下，天下服其智；为宰相三十年，天下畏其威；若一旦窃发，陛下遣谁当之？今赖宗庙之灵，皇天疾恶，因按小事，乃得大坚，实天下之庆也。臣窃恐无忌知季方自刺，窘急发谋，攘袂一呼，同恶云集，必为宗庙之忧。臣昔见宇文化及父述为炀帝所亲任，结以昏烟，委以朝政；述卒，化及复典禁兵，一夕于江都作乱，先杀不附己者，臣家亦豫其祸，于是大臣苏威、裴矩之徒，皆舞蹈马首，唯恐不及，黎明遂倾隋室。前事不远，愿陛下速决之！"

高宗听了，频频点头，命许敬宗"更加审察"。

经过精心论证和认真准备，第二天，信心满满的许敬宗又向高宗上奏道："去夜季方已承与无忌同反，臣又问季方：'无忌与国至亲，累朝宠任，何恨而反？'季方答云：'韩瑗尝语无忌云："柳奭、褚遂良劝公立梁王为太子，今梁王既废，上亦疑公，故出高履行于外。"自此无忌忧恐，渐为自安之计。后见长孙祥（长孙无忌族侄）又出，韩瑗得罪，日夜与季方等谋反。'臣参验辞状，咸相符合，请收捕准法。"

谎言不仅编得真，而且堪称天衣无缝。

许敬宗的话，不仅回答了高宗心中长孙无忌为何会谋反的疑问，而且还把韩瑗、柳奭、褚遂良、高履行（长孙无忌舅舅高士廉的儿子）、长孙祥（长孙无忌族侄）给牵连了进来。

高宗全都信了，他流着泪说道："舅若果尔，朕决不忍杀之；若果杀之，天下将谓朕何！后世将谓朕何！"可见，高宗心里还是清楚的，如果没有长孙无忌，他是绝对不会当上皇帝的。长孙无忌可以负他，而他绝不可以负长孙无忌。

许敬宗没想到高宗对长孙无忌的感情如此之深，知道一次性杀不死长孙无忌，便退而求其次，说道："薄昭，汉文帝之舅也，文帝从代来，昭亦有功，所坐止于杀人，文帝遣百官素服哭而杀之，至今天下以文帝为明主。今无忌忘两朝之大恩，谋移社稷，其罪与薄昭不可同年而语也。幸而奸状自发，逆徒引服，陛下何疑，犹不早决！古人有言：'当断不断，反受其乱。'安危之机，间不容发。无忌今之坚雄，王莽、司马懿之流也；陛下少更迁延，臣恐变生肘腋，悔无及矣！"

此时的高宗早已心乱如麻，许敬宗说什么就是什么了，竟然没有召长孙无忌前来对质。

第二天，高宗便下诏，削去长孙无忌的太尉一职及封邑，虽然任命为扬州都督，"准一品供给"，但是却安置于黔州（今重庆）。许敬宗还嫌不够，又上奏说："无忌谋逆，由褚遂良、柳奭、韩瑗构扇而成；奭仍潜通宫掖，谋行鸩毒，于志宁亦党附无忌。"

这就将于志宁也牵连了进来。在废王立武的问题上，于志宁骑墙折中，并未表态。但在武后看来，表态不拥护是错，不表态也是错。于是，高宗又下诏，将已死的褚遂良和于志宁削职为民，将柳奭、韩瑗除名，并派兵押送长孙无忌赴黔州。

许敬宗不依不饶，逮着这个机会继续大做文章，致使此案持续发酵。长孙无忌的儿子长孙冲（娶妻太宗第五女长乐公主）、表弟高履行、族弟长孙恩全部被流放到南方的荒蛮之地。褚遂良的两个儿子褚彦甫和褚彦冲全在流放途中被杀。许敬宗还把凉州刺史赵持满给牵连了进来。赵持满的姨妈长孙氏是韩瑗的妻子，他的舅舅是长孙无忌的族弟长孙铨。许敬宗担心手握兵权的赵持满起兵犯难，因此诬陷他与长孙无忌结党，并派人将赵持满招至京师，严刑逼供。但赵持满虽然"讯掠备至"，却"终无异辞"，还十分决绝地说："身可杀也，辞不可更！"狱吏无奈，索性"乃代为狱辞结奏"。赵持满随即被杀，陈尸长安城西，他的亲戚们没有一人敢去收尸。

王皇后的远房堂兄王方翼听说后，喟然长叹："栾布哭彭越，义也；文王葬枯骨，仁也。下不失义，上不失仁，不亦可乎！"他出面为赵持满收尸。

高宗听说后，隐隐觉得长孙无忌谋反一事可能另有隐情，出于保护长孙无忌的目的，他派御史往高州追长孙恩（长孙无忌族弟）、象州追柳奭、振州追韩瑗，并枷锁诣京师。随后，又命李勣、许敬宗、辛茂将与任雅相、卢承庆复审长孙无忌谋反案。但许敬宗秉承武后旨意，秘密派人逼长孙无忌自缢于黔州，杀柳奭于象州。韩瑗已然病死，算是躲过了一劫。

三人身死的消息传到京城，高宗还以为三人是因为心里有愧而负罪自杀，因此十分生气，又下旨“籍没三家，近亲皆流岭南为奴婢。”截至八月，长孙家族、柳氏家族、于氏家族受牵连，被贬官者达二十二人。朝堂竟为之半空。长孙无忌一党及所有非武后势力全部被扫除，“自是政归中宫矣”。

长孙无忌谋反案当然是一件冤案，是武后为了打击政敌而炮制的阴谋。但从另一个方面来说，通过此案，柳氏家族、高氏家族、于氏家族、褚氏家族四大豪门全部败落。在之前的李承乾谋反案中，杜如晦家族已经败落。在随后的房遗爱谋反案中，房氏家族、柴氏家族、薛氏家族被连根拔起。算上这一次，三次大案，毁了初唐八大豪门。对这些家族而言，无疑是一场悲剧。但就宏观层面而言，世家豪门的突然陨落，使唐朝没有像别的朝代那样，出现豪门长期把持朝政的局面。长孙无忌如果不死，很难说他不是下一个曹操，很难说长孙家族不会长期掌控朝廷。

长孙无忌的“谋反”，对高宗的打击是巨大的。高宗本就患有严重的风眩症，受此打击，病情越发严重，甚至发展到了“目不能视”的地步。百官奏事，高宗就让武后代为处决。武后“后性明敏，涉猎文史”，竟然“处事皆称旨”。高宗很高兴，索性将政事一股脑儿地交给了武后。史载：至此，武后“权与人主侔矣”，虽无皇帝之名，已有皇帝之实。

3. 打击山东士族

长孙无忌被杀后不久，武后就将李义府调回了中央，兼吏部尚书、同中书门下三品。李义府二回朝廷，便联合许敬宗办了一件大事儿：促使高宗重修《氏族志》，狠狠打击了门阀制度。

门阀制度的历史非常之悠久。其始作俑者当为汉武帝。汉武帝采纳董仲舒的建议，罢黜百家，独尊儒术，以致汉朝官僚多以经术起家，到东汉逐渐形成了累世公卿的状况。比如东汉末年群雄之一的袁绍，其家便是“四世三公”的豪门。曹魏为了拉拢这些世家大族，实行九品中正制，国家选拔官吏只看家世出身，使得世家大族子弟能够凭借家世出身直接当官。发展到两晋南北朝，便形成了士族和庶族的区分。士族在政治上、经济上乃至文化上均享有特权，并且最关键的是，这种特权可以为其后代子孙所直接继承。与士族相对的是庶族，即士族以外的一般中小地主，也称寒门。士族和庶族虽同为贵族，但若论政治地位、社会地位，却是一如天上云，一如地上泥。士族不仅不与庶族通婚，而且甚至坐不同席。

门阀制度在东晋时达到鼎盛，至南北朝便开始衰落，发展至隋唐其势更衰。但百足之虫尚且死而不僵，更何况是一种沿袭了几百年的传统呢？隋唐之际，世家门第的影响依旧十分强大。当时的士族，主要有四个地域集团，并各有所尚：山东士族尚婚姻，江左士族尚人物，关中士族尚冠冕，代北士族尚贵戚。发展至唐初，关中士族因李渊的缘故而异军突起，而江左和代北士族已经没落，但以崔、卢、郑、李、王五姓为首的山东士族根深蒂固，仍然具有强大的政治实力和社会影响力。山东士族喜欢自我标榜门第族望，虽然他们在政治上已经不唱主角了，但在社会地位上仍然是不折不扣的第一等。非世族人家如果想与他们通婚，需要多付很多的彩礼钱。名利诱惑之下，很多非世族人家竟“舍其乡里而妄称名族”。山东士族内部也喜欢相互攀比，如果兄弟两人族望相等，便以妻族的背景进行攀比。

太宗对此非常厌恶，为了打击山东士族，他从两个方面下手：一是从制度方面下手，大力推行科举制；二是从观念方面下手，修订《氏族志》。

贞观六年（公元 632 年），太宗命吏部尚书高士廉、御史大夫韦挺、中书侍郎岑文本、礼部侍郎令狐德棻等人“遍责天下谱谍，质诸史籍，考其真伪，辨其昭穆，第其甲乙，褒进忠贤，贬退坚逆”，重新修订《氏族志》。高士廉等人经过六年的考校，最终于贞观十二年（公元 638 年）提交了初稿。太宗一看，火了，排第一的居然不是李唐皇室，而是山东士族中最显赫的博陵崔氏。高士廉等人也不是不知道皇帝的意思，但最终仍把博陵崔氏列为第一，可见门阀制度影响之大。

此事进一步坚定了太宗打击山东士族的信念，他毫不客气地对高士廉等人说：“汉高祖与萧何、曹参、樊哙、灌婴等人均以布衣起兵，你们至今仍然十分推重景仰，认为是一代英豪，难道在乎他们的世卿世禄地位吗？高氏偏守山东，梁、陈二朝僻居江南，虽然也有个别英豪，又何足挂齿！何况他们的子孙才气衰竭，德行浇薄，官爵降低，然而还很骄傲地以门第族望自负，挂羊头卖狗肉，依赖高贵人家，寡廉鲜耻，不知道世上的人为什么要尊贵他们？如今三品以上公卿大臣，有的以仁德行世，有的以功勋称道，有的以文章练达，致身显赫。那些衰微的世族，不值得羡慕。然而那些希望与世族们通婚的，即使多供给金银财物，还为他们所看不起，朕不知道他们在想什么！

如今想要厘正错谬，舍弃虚名追求实际，而你们仍然将崔民干（博陵崔氏在朝中的代表，时任黄门侍郎）列为第一位，这是轻视大唐的官爵而依循流俗的观念。”

不提别的功绩，仅这一番话，已足以让太宗被尊为一代明君了。

高士廉等人根据太宗的指示，以唐廷大臣们的“朝品秩为高下”为修订标准，最终形成了一个新的方案。这个新的方案将皇族李姓列位首位，外戚长孙氏、窦氏为第二等，博陵崔氏为第三等，共九等二百九十三姓一千六百五十一家。这下，太宗满意了，立即下令：颁行全国。

太宗重修《氏族志》，首次触动了森严的门第等级，具有进步因素，也符合当时新旧士族阶级的变化状况。但必须指出的是，太宗的改革并没有彻底否定门阀观念，而是侧重于扶持关陇士族，调和关陇士族和山东士族之间的鸿沟，形成新的门阀制度，以巩固皇权。但山东士族依旧保持着相当高的社会地位。因为，制度朝令可夕改，但观念的改变不是一天两天就能完成的。太宗虽然修订了《氏族志》，但他的重臣房玄龄、魏征等人依然以同山东士族通婚为荣。所以，山东士族“旧望不减”，甚至发展到了“一姓之中，更分某房某眷，高下悬隔”的恶劣程度。

《氏族志》修订后，过了二十年，到了高宗显庆四年（公元659年）。同年六月，高宗旧事重提，颁布诏书，将《氏族志》改为《姓氏录》。之所以要改，原因很简单：李义府和许敬宗促成了这件事情。

有两件事情对李义府的刺激极深。李义府虽然姓李，但既不是李唐皇族所属的陇西李氏，也不是李氏的第二郡望——赵郡李氏。他一心想抬高自己的身价，跻入李氏的豪门郡望中。给事中李崇德出身赵郡李氏，是个不折不扣的小人，为了巴结李义府，他主动将李义府放入了族谱当中。李义府因此摇身一变，成了赵郡李氏的后人。但李义府被贬官普州后，李崇德觉得李义府倒台了，已经没什么利用价值，就将李义府从族谱上划去了。李义府“闻而衔之”，等到再次回朝任相后，做的第一件事情就是“使人诬构其罪”。李崇德自知难逃一死，索性于狱中自杀。

这是一件，还有一件。李义府自己改族谱未果，便想让儿子娶山东士族的妻子，以间接提高后代子孙的地位。但山东士族端着架子，根本就不把他们家放在眼里，“李义府为其子求婚不获”。李义府对此甚为痛恨，决心改变这种状况。

而许敬宗之所以要掺和到这件事情当中来，则完全是为了巴结武后。武后的父亲武士彟是商人出身，在重农轻商的古代中国，本就为世俗所轻贱。因此，他虽是李渊的老班底，但也没有资格进入《氏族志》。武后的想法和当年的太宗是一样的：我都是皇后了，怎么我们武家的地位还这么低啊？不行！得改！因此，武后就指使许敬宗和李义府向高宗上奏，提出修改《氏族志》。

高宗就下诏，令礼部侍郎孔志约、著作郎杨仁卿、太子洗马史元道及太常丞吕才等十二人对《氏族志》进行修订。显庆四年（公元659年）六月，修订完成，共收录二百四十五姓二千二百八十七家，分为九等，当时五品以上的官员全部收入，皇族李氏、外戚武氏等四家被列入第一等，而所有在朝廷无官职的旧士族全部被排除在外。武后十分满意，高宗遂下诏颁行，并变更其名为《姓氏录》。为使《姓氏录》真正取代《氏族志》，李义府还奏请将原存于各地官府中的《氏族志》全部收回并焚毁。高宗准奏。

《姓氏录》总该改变社会观念了吧？不好意思，还是没有！

《姓氏录》颁布后，舆论一片哗然，许多士人将其贬称为“勋格”，以被录入为耻。高宗无奈，出了狠招，下诏明确要求：后魏陇西李宝、太原王琼、荥阳郑温、范阳卢子迁、卢浑、卢辅、清河崔宗伯、崔元孙、前燕博陵崔懿、晋赵郡李楷等十人的子孙，不得相互通婚。但这些世家大族对高宗的禁令根本不予遵行，继续通婚，明着不让搞，就偷偷来，“或载女窃送夫家，或女老不嫁，终不与异姓为婚”。而且高宗的禁令在无形中反倒增加了这些大族的资本：“其后天下衰宗落谱，昭穆所不齿者，皆称‘禁婚家’，益自贵。”他们不仅蔑视诸姓，即使皇室也不能入其眼。唐文宗时，皇帝向宰相郑覃求婚，希望郑覃能把孙女嫁给皇太子，但郑覃宁可把孙女嫁给时为九品官的崔某。为此，文宗很受伤：“民间修婚姻，不计官品而上阀阅。我家二百年天子，顾不及崔、卢耶？”

不过，改变虽难，但终究还是在变。武后、许敬宗、李义府的出发点是卑微的，或许还是卑鄙的，但他们打击世家门第的行为却在客观上顺应了历史潮流，促进了历史的进步。

此后，李义府又在政坛上蹦跶了两三年，直到龙朔三年（公元663年）。在此期间，他“恃中宫之势，专以卖官为事，铨综无次，怨讟盈路”，招致了高宗的不满。

一次，无法忍受的高宗提醒他说：“卿子及婿颇不谨，多为非法。我尚为卿掩覆，卿宜戒之！”

岂料，李义府听了，“勃然变色，颈、颊俱张”，竟然反问高宗：“谁告陛下？”

高宗一愣，说：“但我言如是，何必就我索其所从得邪！”

嚣张跋扈的李义府早就不把高宗放在眼里了，“殊不引咎”，竟“缓步而去”。高宗从此对李义府生出了不满。

术士杜元纪自称善于望气，他曾对李义府说，他的府邸有牢狱之气，不祥。李义府听了，十分紧张，忙问解决之道。杜元纪骗他说，得花二十万缗（古代穿铜钱用的绳子）钱才能摆平此事。李义府信了，“聚敛尤急”。刚好他的母亲去世，朝廷给他放假。李义府便带着杜元纪来到长安东郊，“登古冢，候望气色”。有人趁机上书高宗，说李义府“窥觇灾眚，阴有异图”。紧接着，右金吾仓曹参军杨行颖上书揭发李义府之子右司议郎李精卖官鬻爵。

盛怒的高宗不顾武后的阻拦，于四月将李义府下入大牢，经调查，“事皆有实”。随即，李义府被除名，流放巂州，其子李精被除名，流振州，其余诸子及婿并除名，流庭州。一时间，“朝野莫不称庆”。

李义府二度被贬，于巂州朝思暮想，左盼右盼，只想着有一天能再回朝廷。等了两年多的时间，终于又等到了一个机会。高宗要封禅泰山了，按惯例，是要大赦天下的。最终，高宗也确实下诏大赦天下了，但特加了一个例外，即：“唯长流人不听还”。

绝望的李义府忧愤发病，死在了巂州。

4. 废后风波

高宗之所以能夺得对朝廷的控制权，武氏之所以能封后，靠的是夫妻一心。但武后残杀王皇后和萧淑妃一事，已然使高宗暗生不满。紧接着，武党李义府恃宠而骄，完全不把高宗放在眼里，这更加剧了高宗对武氏的不满情绪。扳倒长孙无忌后，高宗本也想有所作为，但是武后“及得志，专作威福”，处处牵制高宗，搞得高宗“不胜其忿”。

武后与道士郭行真交往甚密。郭行真经常出入内宫，便“尝为厌胜之术”。高宗的贴身宦官王伏胜将此事密报高宗。高宗最恨厌胜之术，生出了废后之心。他密召西召侍郎、同东西台三品上官仪，商议废后之事。

上官仪，字游韶，陕州陕县（今河南三门峡陕县）人。隋大业十四年（公元 618 年），隋朝左翊卫大将军宇文化及在扬州发动叛乱，弑杀隋炀帝，上官仪父亲江都宫副监上官弘被宇文化及党羽陈稜所杀。上官仪年幼，藏匿幸免。唐太宗贞观元年（公元 627 年），上官仪被时任扬州大都督府长史的杨仁恭看重，举荐赴京师长安参加科考。上官仪以“对求贤策”、“对用刑宽猛策”二策中进士，诏授弘文馆直学士，累迁秘书郎。贞观二十年（公元 646 年），玄奘法师向太宗进新译《经论》、新撰《大唐西域记》十二卷，并请求皇帝给《经论》撰序言，唐太宗自制《大唐三藏圣教序》，在庆福殿召集群僚，赐玄奘法师座，命上官仪宣读《大唐三藏圣教序》。他常参加宫中宴会，又曾参与《晋书》的编撰工作。唐太宗每属文，遣仪视稿，私宴未尝不预。唐高宗即位，上官仪为秘书少监，进中书侍郎、同中书门下三品，颇受唐高宗和武则天的赏识。

上官仪对武后专权早就看不惯了，此时便向高宗进言：“皇后专恣，海内所不与，请废之。”高宗早有此意，当即命上官仪起草废后诏书。

但高宗身边有不少武后的人。这些人马上就将情况报告给了武后。武后没有犹豫一分一秒，马上赶来面见唐高宗。面对气势汹汹、犹如从天而降的武后，本来就心虚的唐高宗吓傻了。

当时，上官仪草拟的诏书还在高宗手里。武后看过。武后和高宗是十几年的夫妻，对高宗的性格，她拿捏得非常准确。她知道，高宗是一个多情而又懦弱的人，于是软硬兼施。她先是一把鼻涕一把泪地哭诉自己和唐高宗多年的感情，历数自己为家庭做出的贡献，然后再声色俱厉地质问唐高宗：我到底犯了什么罪？经过她这么一搅和，唐高宗连自己为什么要废掉她都不知道了，毕竟有深厚的夫妻之情，有诸多不忍。

面对多年来依赖惯了的妻子，唐高宗害怕了，他为了推卸责任，吐出了一句话：“我初无此心，皆上官仪教我。”

上官仪曾经侍奉过前太子李忠。武后就拿着这件事做文章，指使许敬宗诬告上官仪、王伏胜与李忠谋逆。高宗无奈，只得于十二月下诏，将上官仪打入大牢，其子上官庭芝、王伏胜被杀，其家被籍没。李忠也被赐死。许敬宗索性将右相刘祥道、左肃机郑钦泰等朝士都牵连了进来，坐与上官仪交通，“流贬者甚众”。

唐高宗废后的念头刚刚打消，武则天就找他谈话了，而且谈得推心置腹。她说，您是个好皇帝，国家治理得井井有条，但是您有一个弱点，就是耳软心活，容易拿不定主意，听别人撺掇。您哪里是真的想废掉我呀，但是上官仪在您耳边一调唆，您就把握不住了，差一点就把我废掉。这事情如果真的发生了，您会造成多大的失误啊。为了不再出现这样的问题，以后我陪着您一块上朝，大臣无论是对你进忠言还是进谗言，我都帮您分析分析，这样您就不会鲁莽行事了。她明确提出了和唐高宗一起临朝听政的要求。

唐高宗如何反应的呢？他此刻的心里充满了悔恨和不安，正不知怎么向老婆大人赔罪呢。再说，唐高宗性格软弱，武则天这些年在他心里已经牢牢地树立起了妻子、参谋加姐姐的地位，他觉得很难再拒绝武后的任何要求，就同意了她的建议。

上官仪提出的废后动议，实际上是高宗阻击武后专权乃至夺权的最后一个机会。但武后利用高宗的多情，以情感之，以势破之，最终迫使高宗舍车保帅，放弃了废后的念头。

从此以后，“上每视事，则后垂帘于后，政无大小皆与闻之”。虽然“中外谓之二圣”，但实际上，“天下大权，悉归中宫，黜陟、生杀，决于其口，天子拱手而已”。高宗已经成了彻彻底底的傀儡。

第五章

名不副实的二圣

——牝鸡司晨的年代

从麟德元年（公元 664 年）底到弘道元年（公元 683 年）年底的二十年间，是“二圣时代”。在某种程度上说，这时的唐帝国其实施行的是二元君主制。武后虽无皇帝之名，但其权力之大，甚至都超过了高宗。高宗因为头痛目昏，常常不能理政。武后手握乾坤，口衔日月，基本上已是为所欲为。

1. 封禅泰山

进入二圣时代后，武后所做的第一件大事，便是鼓动高宗封禅泰山。

封禅是中国古代帝王在太平盛世或天降祥瑞之时祭祀天地的大型典礼。其中，“封”为祭天，天子需登上泰山筑坛祭天；“禅”为祭地，天子需于泰山下的小丘除地祭地。古人认为群山中泰山最高，为“天下第一山”，因此人间的帝王应到最高的泰山去祭过天帝，才算受命于天。在唐朝以前，除了传说中的尧舜禹以外，有明确记载行过封禅大典的帝王只有三位，依次是秦始皇、汉武帝和光武帝。从光武帝刘秀到现在的近六百年间，再无人行此盛典。

到了唐朝，高祖李渊根本就没有动过封禅的念头，群臣也没有上书请求封禅。

太宗李世民虽然动过念头，群臣也多次上书请求封禅，但最终还是没去。贞观五年（公元 631 年），赵郡王李孝恭等上表请封禅，太宗没答应。同年晚些时候，利州都督武士彟等复上表请封禅，太宗没答应。贞观六年（公元 632 年），诸武将第三次请求封禅。太宗本想去的，但“会河南、北数州大水”，“事遂寝”。年底，众大臣再次提出封禅，但太宗手诏予以拒绝。这是第四次。五年后的贞观十一年（公元637年），群臣复请封禅，太宗让房玄龄裁定，最终还是不了了之。贞观十四年（公元640年）十月，荆王李元景等表请封禅，太宗没答应。年底，百官第七次提出封禅。这次，太宗答应了，“更命诸儒详定仪注”。但是，贞观十五年（公元641年），天象异常，“有星孛于太微”。太史令薛颐以及褚遂良先后上书，指出：“未可东封。”太宗便下诏罢封禅。贞观二十年（公元646年）年底，群臣第八次提出封禅请求。太宗答应了，但是因为“薛延陀新降，土功屡兴，加以河北水灾”，便于贞观二十一年（公元647年）八月下诏，停止封禅。两年后，太宗病逝，到死也没有封禅泰山。

高宗自觉文治武功无法与父亲相比，所以一直也没有动过封禅的念头。但是，显庆四年（公元659年）六月，武后指使许敬宗上书高宗，提出封禅。武后之所以力主封禅，其实是为了借封禅泰山彰显自己的权威，巩固自己的政治地位。

高宗犹豫不决，武后、许敬宗等人频频做他的思想工作。龙朔二年（公元662年）十月，高宗实在拗不过武后和许敬宗等人，便下诏于龙朔四年（公元664年）正月封禅泰山。但高宗其实还不是很想去，便借口“方讨高丽、百济，河北之民，劳于征役”，于十二月下诏停止封禅。但武后等人还不甘心，继续劝导高宗。麟德元年（公元664年）七月，高宗颁下诏书，继续使出拖字诀，宣布于麟德三年（公元666年）七月封禅泰山。此时的高宗之所以一直推脱，除了自己不想去外，还有一个很重要的原因，那就是他和武后之间的关系出现了裂痕。

上官仪谋反案后，武后旧事重提，再次鼓动高宗封禅。

麟德二年（公元665年）十月，她向高宗上表称：“封禅旧仪，祭皇地祇，太后昭配，而令公卿行事，礼有未发，至日，妾请帅内外命妇奠献。”提出，由自己率内外命妇执行奠献。高宗同意：

献酒有三次，依次是首献、亚献和终献。首献当然由高宗主持，亚献就交给了武后，而终献则交给了越国太妃燕氏。

燕氏，涿郡昌平人，生于大业五年（公元609年）。其曾祖父燕侃，仕魏为车骑大将军、骠骑大将军、开府仪同三司、左卫大将军、楚州刺史、上柱国、阳平郡开国公。其祖父燕荣，仕周为开府仪同三司、晋州刺史、隋蒲州刺史、扬州总管、邢瀛恒定营幽平檀沧易妫贝一十二州大总管、左武侯大将军、上柱国、洛业郡公；然燕荣为人严苛残酷，多行欺压凌虐之事，被隋文帝赐死。其父燕宝寿，年轻时有神童之美誉，但未有官职的记录，似受燕荣之累，未从官途。其母隋太尉、观王杨雄的第三女，德高孟母，学冠曹妻。燕氏"宠丰慈膝而弱不好弄，训关师氏而幼有成德。沉静以幽闲纵体，峻节与简毅通方。纂组缋其妍心，诗书文起婉袖。"幼时，其兄燕敬嗣让其读《上林赋》，燕氏匆匆浏览，随即便背诵出来。其母亲常言："性理明惠、艺文该博，向使为男，当成国器。"十三岁时因"香名逾振"，武德四年（公元621年），礼聘入秦王后庭，封号"贵人"。贞观元年（公元627年），燕氏正式拜册贤妃，贞观十八年（公元644年）迁封德妃。永徽元年（公元650年），依朝例册拜燕德妃为越国太妃。燕太妃从子赴藩，治家得法且不肃而成，堪称典范。

燕氏的母亲与武后的母亲（杨达之女）乃是堂姐妹，故而燕氏、巢王妃杨氏（即李元吉之妻，杨师道从侄女）、武后俱为表亲，可能在武则天贞观十一年（公元637年）进入李世民后宫成为五品才人这件事上，颇有渊源，关系亲近。燕太妃平常行为处世谦和温恭，因此在高宗朝与武后关系良好。高宗与武后对她非常尊敬，在京时常请她入宫聚会，平时其子越王李贞所受恩礼也在诸王之上；麟德三年（公元666年），高宗泰山封禅，太妃次于武后而主持终献，同武后一起以女性的身份参与了国家最高级别的祭祀大典，可谓荣宠已极。

随即，高宗一行从东都洛阳出发。"从驾文武仪仗，数百里不绝。列营置幕，弥亘原野。东自高句丽，西至波斯、乌长诸国朝会者，各帅其属扈从，穹庐毳幕，牛羊驼马，填咽道路。时比岁丰稔，米斗至五钱，麦、豆不列于市。"

十二月底，一行人抵达泰山脚下。此时，泰山这边早已准备妥当。

翌年正月，高宗和武后封禅泰山。上御朝觐坛，受朝贺；赦天下，改元。乾封元年（公元666年），文武官三品以上赐爵一等，四品以下加一阶。

随后，于四月返回长安。

武则天实现了中国封建社会意识形态史上一项创举，女人第一次在封禅泰山的盛典中取得了与男子同等的地位。据史书记载，高宗李治在到泰山的路程中，十分愉快。李治在路上办的另一件事是给寿张人张公艺祝贺：

寿张人张公艺九世同居，齐、隋、唐皆旌表其门。上过寿张，幸其宅，冲所以能共居之故，公艺书"忍"字百余以进。上善之，赐以缣帛。

唐麟德二年（公元665年），高宗与武则天，率文武大臣、宫妃命妇去泰山封禅。车驾过寿张（今台前县），闻张氏九世同居，累朝都有旌表，因而也慕名过访。问张何能九世同居？公艺答："老夫自幼接受家训，慈爱宽仁，无殊能，仅诚意待人，一'忍'字而已。"遂请纸笔，书百"忍"字以进。高宗连连称善，并赠绢百端，以彰其事。

高宗就是一个特别能忍的人。

2. 迫害兄姐外甥

一人得道，鸡犬升天。

武氏登上皇后宝座后，武家人都跟着沾了光。武后之母杨牡丹被封为荣国夫人，寡居的大姐武顺被封为韩国夫人，两个堂兄武惟良、武怀运分别超迁为司卫少卿、淄州刺史，两个异母亲兄弟武元庆、武元爽也分别升任宗正少卿、少府少监。

武士彟死后，武元庆、武元爽、武惟良、武怀运四兄弟对杨牡丹母女四人极为不恭敬。武后倒好，得势后也并未挟私报复，但杨牡丹对于那段不愉快的往事却是耿耿于怀。

一次，杨牡丹宴请诸武。酒至酣处，她旧事重提，并不无得意地问武惟良等人："颇忆畴昔之事乎？今日之荣贵复何如？"

武惟良许是喝多了，竟然说："惟良等幸以功臣子弟，早登宦籍，揣分量才，不求贵达，岂意以皇后之故，曲荷朝恩，夙夜忧惧，不为荣也。"

杨牡丹听了，当时就拉下脸来。宴后，她将武惟良等人的话原原本本地告诉了武后。武后听了，十分生气，索性新仇旧账一块儿算。她向高宗上书，说武惟良等人都是她的近亲，如果还在朝中任职，影响不好，要求高宗将他们都外放到边疆地区当刺史。高宗还以为武后是识大体明事理，当即准奏。

于是，武惟良被外放为检校始州（今四川省广元市剑阁县）刺史，武元庆被外放为龙州（今广西崇左市龙州县）刺史，武元爽被外放为振州（今海南省三亚市）刺史。武元庆、武元爽"以忧卒"，相继死在了任所。

不过，比起武惟良、武怀运兄弟俩和大妹武顺，武元庆和武元爽的下场已经算是很不错的了。武后大姐武顺早年嫁给越王府法曹贺兰越石为妻，先后诞下一子贺兰敏之和一女贺兰敏月，但贺兰越石早死，武顺寡居多年。妹妹封后后，获封韩国夫人的她频繁出入后宫，常常能碰到高宗。高宗见其徐娘半老风韵犹存，动了色心，主动勾搭她。武顺寡居多年，本就青春欲火一丈高，又见对方是天之骄子的皇上，早将妹妹忘到九霄云外了，半推半就地投入了高宗的怀抱。武顺的女儿贺兰敏月时常也来宫中玩耍，好色的高宗又将贺兰敏月收用。而武顺竟也没有任何的尴尬与犹豫，索性与女儿共事一主。

对于姐姐和外甥女干下的丑事，武后无比愤怒。她专门跑到武顺寝宫怒斥其姐："如果不是念在同胞姐妹的份上，你的下场就会跟王氏、萧氏一样，还让你活着就该知足了。"

武顺大哭，她知道妹妹是无论如何都不会原谅她的，于是当晚便在寝宫上吊自杀了。

贺兰敏月则将这笔账算到了武后的头上，从此一面狐媚高宗，一面与武后作对。高宗不仅想将贺兰敏月封为魏国夫人，而且还想让她入后宫为妃。这就触碰到了武后的底线。恰好武惟良、武怀运兄弟来入京朝觐，武惟良为了弥补当年的口误，特地向高宗、武后进献美食。武后想出了一石二鸟的毒计。她命人在武惟良兄弟进献的美食中下毒，并让贺兰敏月食用。贺兰敏月吃后不久，便毒发身亡。

武后顺理成章地归罪于武惟良、武怀运兄弟。高宗既伤心又愤怒，下诏诛杀二武，并改其姓为蝮式。武怀运还有一个寡居的嫂子善氏。当年，善氏也曾"不礼于荣国（指杨牡丹）"。此次，她坐小叔之罪而被没入掖庭。杨牡丹寻了个由头，"束棘鞭之"。善氏竟"肉尽见骨而死"。

武顺和贺兰敏月死后，贺兰家就只剩下一个贺兰敏之了。依着武后的行事风格，本该将贺兰家斩草除根的，她之所以未对贺兰敏之下手，是因为此时的贺兰敏之已不叫贺兰敏之了，早已改名为武敏之。武元庆和武元爽死后，武士彟便断了香火。为了使父亲后继有人，武后便上奏高宗，请以贺兰敏之为武士彟之嗣，袭爵周公，改姓武氏。高宗一律准奏。起初，贺兰敏之和姑母兼姐姐武后的关系很好。但是，当母亲和妹妹相继死于非命后，他对武后的态度便发生了巨大改变。

贺兰敏月死的那一天，高宗曾痛苦地问他："向吾出视朝犹无恙，退朝已不救，何仓卒如此！"

贺兰敏之什么都不回答，只是一个劲儿地号哭。

武后何等聪明，听说这件事儿后，当即便说："此儿疑我！"

从此，她便开始讨厌贺兰敏之了。

年轻帅气的贺兰敏之竟然想了一个歪招来报复武后。他居然和自己的姥姥杨牡丹睡在了一处。咸亨元年（公元670年）九月，杨牡丹去世。高宗特命“文武九品以上及外命妇并诣宅吊哭”。但贺兰敏之却在服丧期内，“释衰绖，奏妓”，以此宣泄内心的不满。司卫少卿杨思俭的女儿长得十分漂亮，高宗和武后将其定为太子妃的人选。贺兰敏之却将这位未来的太子妃给强奸了。

武后知道贺兰敏之深恨她，她的眼里自然也容不得这样的沙子，便“表言敏之前后罪恶，请加窜逐”。

咸亨二年（公元671年）六月，高宗下诏，将贺兰敏之流放雷州（今广东湛江），并“复其本姓”。贺兰敏之走到韶州（今广东韶关），就被武后派人用马缰活活绞死了。

贺兰敏之既死，则武士彟又后继无人了。武后在宗族中仔细挑选，最终选中了一个人，这个人就是她二哥武元爽的儿子武承嗣。上元元年（公元674年）三月，武后表奏高宗，以武承嗣袭爵周公，拜尚衣奉御，四月又迁宗正卿。不仅高宗没想到，恐怕连武后自己都没有想到，武承嗣后来竟会对他们的子孙形成了长期的威胁。

3. 残害李唐宗室

武后要掌权，最大的阻力来自朝臣和宗室。朝臣方面的阻力，随着长孙无忌的被杀，已经被解除了。因此，在接下来的日子里，武后主要是择机对反对她的李唐宗室们下手。

她第一个对付的人是高宗的七哥蒋王李恽。太宗共十四子，长子李承乾、次子楚王李宽、三子吴王李恪、四子魏王李泰、五子齐王李佑、六子蜀王李愔、十一子江殇王李嚣、十二子代王李简等八人均已去世，余下的几人中，年纪比高宗大、又比较成器者，只有老七蒋王李恽和老八越王李贞。蒋王李恽并没有公然反对武后，但他的年纪和地位已足以让他成为武后的眼中钉、肉中刺了。

上元元年（公元674年），李恽由梁州都督迁任箕州（今山西太谷、榆社一带）刺史。武后逮住这个机会，暗中指使箕州录事参军张君彻于十一月，上奏诬告李恽和他的儿子汝南郡王李炜谋反。高宗就派通事舍人薛思贞前往箕州调查。李恽胆小，调查尚未形成结论，便上吊自杀了。不久后，调查证实张君彻系诬告。高宗十分痛惜，“斩君澈等四人”。

继蒋王李恽之后，高祖李渊第十九女、高宗的十九姑常乐公主又上了武后的黑名单。常乐公主下嫁右领军卫将军赵绰之子赵瑰，生女赵氏。高宗遴选赵氏作为他和武后第三子英王李显的正妃。因此，常乐公主和高宗，既是姑侄，又是亲家，关系十分好。这招致了武后的妒忌和报复。她以英王妃赵氏对自己不恭谨为由，将其废黜并关入内侍省的女牢，每天所给的食物都是生的，并派人严密盯梢。起初，还能看到赵氏囚牢里冒烟，但过了几天后就看不到烟了，打开牢门一看，赵氏的躯体上已经爬满了肉蛆。害死赵氏后，武后又将赵瑰由定州刺史贬为括州（今浙江省丽水市）刺史，并让常乐公主随夫外放。

除了迫害太宗诸子外，武后对高宗其他的儿子们也不放过。高宗共有八子，第五子到第八子均是和武后所生，其长子李忠、次子李孝已死，尚存第三子泽王李上金和第四子许王李素节。其实，武后杀害李上金和李素节的心情最为急迫。但她深知，重情重义的高宗在有生之年是绝对不会允许她这么做的，所以一直隐忍未发。不可以杀，但逼迫逼迫总是可以的。上元二年（公元 675 年）六月，武后先对慈州刺史、已改封杞王的李上金下手，“有司希旨奏其罪”。七月，高宗被迫解除李上金的官职，将其安置于澧州（今湖南省常德市）。

比起李上金，武后更恨李素节。这不仅因为李素节的母亲是萧淑妃，更因为李素节曾经是高宗最为宠爱的儿子。

早在永徽二年（公元 651 年），时年六岁的李素节便受封为雍王，官拜雍州牧。他小小年纪，便能日诵古诗五百余言，好学不倦，深得高宗的欢心。永徽六年（公元 655 年），萧淑妃被废杀。武则天向高宗进言，迫使高宗将李素节由雍州牧调任申州（今河南省信阳市浉河区）刺史。但高宗对这个儿子一直暗中加以保护。显庆三年（公元 658 年），他将李素节改封为郇王。仪凤元年（公元 676 年），他又下诏：“李素节既有旧疾病，宜不须入朝。”但实际上，李素节并未患病。高宗是担心他入朝后，被武后逮着把柄，因此才不让他入朝。李素节思念父亲，特意写了《忠孝论》一文给高宗。高宗读了，唏嘘不已。

武则天看到后，十分不高兴，指使人诬陷李素节受贿，将其降封为鄱阳郡王，于袁州（今江西省宜春市）安置。第二年，又下诏禁锢李素节终身，并改迁到岳州（今湖南省岳阳市）安置。

开耀元年（公元 681 年）二月，武后佯装心情愉快，上表高宗，请求赦免李上金与李素节的罪过。高宗十分高兴，当即授官李上金沔州刺史、李素节岳州刺史。但武后仍不允许二人入朝。为了哄高宗开心，武后同时还提出，授给萧淑妃的两个女儿（义阳公主和宣城公主）的丈夫以官职。

萧淑妃被杀后，义阳公主和宣城公主一同被武后囚禁于掖庭宫。两人年纪日大，但武后就是不允许他们出嫁。太子李弘偶然在掖庭宫碰到二人，才知道这两人是自己的异母姐姐，宅心仁厚的他立即向高宗提出，让两位姐姐出嫁。高宗当即应允。但武则天十分不高兴，当天就将义阳和宣城分别许配给了禁军权毅和王遂古。权毅和王遂古出身卑微，且娶的都是武后的眼中钉，因此一直未能像其他驸马那样被授予重要官职。这次，武后为了哄高宗开心，才破例提出加授权毅和王遂古官职。高宗高兴地答应了，权毅和王遂古这才顺利走上仕途。

4. 连换三太子

高宗还有一项纪录，在唐代诸帝中无人能及：那就是，他的太子惊人地达到了四个。有四个，就意味着换了三次。

高宗的长子李忠生于贞观十七年（公元 643 年），其母为东宫良娣刘氏。高宗登基后，立太子妃王氏为皇后。因此，李忠虽是高宗的长子，但却是庶出。不过，无子的王皇后为了对付萧淑妃，在征得刘氏和高宗的同意后，将李忠过继到了自己名下。这样，李忠就又变成了嫡子，并在长孙无忌等人的帮助下，于永徽三年（公元 652 年）七月被立为太子。

但仅仅过了三年，王皇后、萧淑妃均为武后所倾覆。武后一口气为高宗生了四个儿子，自然不会坐视李忠牢牢占据太子之位。

永徽六年（公元 655 年）十一月，即武氏封后的当月，其党徒许敬宗便上奏说：“永徽爰始，国本未生，权引彗星，越升明两。近者元妃载诞，正胤降神，重光日融，爝晖宜息。安可反植枝干，久易位于天庭；倒袭裳衣，使违方于震位！又，父子之际，人所难言，事或犯鳞，必婴严宪，煎膏染鼎，臣亦甘心。”其“安可反植枝干，久易位于天庭；倒袭裳衣，使违方于震位”之句，显然是在建议高宗将皇后武氏之子李弘立为太子。

高宗召见了许敬宗。许敬宗索性挑明：“皇太子，国之本也，本犹未正，万国无所系心。且在东宫者，所出本微，今知国家已有正嫡，必不自安。窃位而怀自疑，恐非宗庙之福，愿陛下熟计之。”

高宗其实早有换立太子之心，此时便说：“忠已自让。”

许敬宗大喜：“能为太伯，愿速从之。”

显庆元年（公元 656 年）正月，高宗正式下诏，废太子李忠为梁王，远封梁州刺史，而以武后长子、年仅四岁的代王李弘为皇太子。李忠既废，“官属皆惧罪亡匿，无敢见者”，只有他的右庶子（东宫属官）李安仁在李忠离京的路上等候送行，“泣涕拜辞”。

李忠被废后，眼见宫廷风云变幻，时常害怕招来杀身之祸，又常做噩梦，有时身着妇人衣服以防刺客行凶，还经常占卜问卦以备不测。有人趁机添油加醋地上告。显庆五年（公元 660 年）七月，高宗下诏将梁王李忠废为庶人，流徙黔州，软禁于当年李承乾在黔州的故宅。

一个是太宗的长子，一个是高宗的长子；两个都是皇太子，两个都是废太子；一个已死，一个将死，真是“何苦生在帝王家？”

李忠在黔州蹉跎过了四年，麟德元年（公元 664 年）十二月，武后还是没有放过他，借上官仪、王伏胜谋反案，指使许敬宗诬告李忠为同谋。高宗遂下诏将李忠赐死于郁山（在今重庆市彭水县）。第二年初，仁厚的太子李弘上表请求将李忠收葬昭陵，高宗准奏。中宗神龙元年（公元 705 年），中宗李显下诏，追封李忠为燕王。

李忠被废后，继立的太子是武后和高宗的长子李弘。

李弘幼为储君，深得父皇宠爱与重视。高宗曾对侍臣称赞太子：“十分仁孝，接待大臣符合礼节，从不曾有过失。”

李弘早年向郭瑜学习《春秋左氏传》，读到楚世子芈商臣弑杀君王的故事时，忍不住掩书叹息：“这种事为臣子的不忍听闻，圣贤经典应该记载垂范后世的好事，为什么要记载这个？”

郭瑜回答说：“孔子写《春秋》，善恶之事都加以记载，是为了褒扬善行以劝谏大众，贬斥恶行以告诫后世。书写芈商臣的恶行，正是令其罪恶遗臭万年。”

太子又说：“这种事情，不仅讲不出口，听闻也不忍心，请让我改学别的书。”

郭瑜闻言称赞太子仁德，随即改授《礼记》。

李弘之仁善，可见一斑。

李弘十分重视治学。龙朔元年（公元661年），他命许敬宗、许圉师、上官仪、杨思俭等人收集古今文集，选录五百篇编集成《瑶山玉彩》，得到高宗赏赐绢帛三万段。总章元年（公元668年），李弘又请求追赠儒家先贤颜回为太子少师、曾参为太子少保。

李弘做太子期间以仁德著称。总章年间，唐廷与高句丽激战正酣，很多士兵不堪忍受，纷纷脱逃。朝廷遂颁下命令，凡在规定期限内不回来自首者及自首后又逃亡的，“身斩，妻子籍没”。李弘得知后，于心不忍，立即上表：“如此之比，其数至多。或遇病不及队伍，怖惧而逃；或因樵采为贼所掠；或渡海漂没；或深入贼庭，为所伤杀。军法严重，同队恐并获罪，即举以为逃，军旅之中，不暇勘当，直据队司通状关移所属，妻子没官，情实可哀。《书》曰：‘与其杀不辜，宁失不经。’伏愿逃亡之家，免其配没。”高宗看了，当即准奏。

李弘“仁孝谦谨，上甚爱之；礼接士大夫，中外属心”。此时的武后正在大举抓权，李弘屡屡上奏母后，大多是逆着武后的意思来，因此“失爱于天后”。上元二年（公元675年）四月，母子俩再度爆发冲突。李弘一日于掖庭宫中闲逛，无意中碰到了两个女人，一打听才得知这两人竟是他同父异母的姐姐义阳公主和宣城公主。武后将她们长期软禁于此，以致两女年过二十尚未婚配。李弘觉得这样很不人道，回来后立即上表高宗，请求让两位姐姐出嫁。武后大怒，竟将两位金枝玉叶随随便便就配给了禁军小官。母子两人爆发了激烈冲突。

事情过去没几天，李弘竟猝然离世，年仅二十三岁。时人都说是武后下毒害死了李弘。史书中也有这样的记载。但据考证，现代学者普遍认为李弘并不是武则天杀害的，而是死于肺结核病（唐时称痨瘵），理由是：

一、关于鸩杀李弘的记载，以《唐会要》和《新唐书》最为肯定，但两书较《旧唐书》出书晚，采信了一些后世传言。宋朝史学家司马光即对此提出异议，称：“《实录》《旧传》皆不言弘遇鸩。”可见“鸩杀说”值得怀疑。

二、李弘奏请萧淑妃的女儿出嫁，尽管不合母意，但不至于因此结怨杀子。

三、武则天自显庆年间已参与政事，大权在握。太子李弘即使监国，也达不到威胁武则天地位的地步。

四、据史料记载，咸亨二年（公元671年）李弘就因痨瘵缠身而不能胜任监国重任。时隔四年后去世，高宗在《赐谥皇太子弘孝敬皇帝制》中更直接提道：李弘自被立为太子后就染上痨瘵，又接受父君之命带病理政，以致操劳过度，使旧病加剧，最终病卒。可见官方认定李弘是因痨瘵恶化而死。

五、李弘死后，武则天曾用写经造功德的形式为他祈福，表达了内心的哀伤。

对高宗而言，李弘在他的眼中，既是一个优秀的儿子，也是一个优秀的太子。对于李弘的去世，他极为悲恸。五月，高宗下诏，追谥李弘为孝敬皇帝，并以天子礼仪葬于恭陵。百官服丧三十六日。高宗还亲自书写《睿德记》缅怀李弘，碑石树立于陵墓之旁。李弘由此成为唐朝第一位被追封为皇帝的太子。

李弘去世得早，并未留下子嗣。为了延续其香火，武则天于长寿元年（公元 692 年），在李弘四弟李旦的诸子中选择了一个，作为李弘的嗣子。这个孩子的名字叫作李隆基，也就是后来的唐玄宗。

李弘死后，他的二弟李贤被封为太子。

李贤于永徽五年十二月（公元 655 年 1 月）出生于父母祭拜太宗昭陵的途中。第二年，即被册封为潞王。显庆元年（公元 656 年），迁任岐州刺史，同年加封雍州牧、幽州都督。龙朔元年（公元 661 年），改封沛王，加扬州都督兼左武卫大将军，仍任雍州牧。龙朔二年（公元 662 年），加扬州大都督。麟德二年（公元 665 年），加右卫大将军。咸亨三年（公元 672 年），更名李德，徙封雍王，授凉州大都督、雍州牧、右卫大将军，食实封一千户。上元元年（公元 674 年），又依旧名李贤。

李贤长大后容貌俊秀、举止端庄，深得高宗赞赏。高宗曾对司空李勣说："这个孩子已经读了《尚书》《礼记》《论语》，背诵古诗赋十多篇，一看就能领会，也不会忘记。我曾叫他读《论语》，他读到'贤贤易色'，再三诵读。我问为什么反复读，他说自己内心特别喜爱这句话，才知这孩子的聪敏出自天性。"

上元二年（公元 675 年），皇太子李弘猝死，李贤继立。不久，高宗命李贤留守京城监国。李贤处理政务明确公允，为朝廷内外所颂扬。李贤又招集当时的学者张大安、刘纳言、格希元、许叔牙、成玄一、史藏诘和周宝宁等人注释范晔的《后汉书》，书成之后呈奏给高宗，被收藏在皇宫内阁。

仪凤元年（公元 676 年），唐高宗亲笔下诏表扬李贤："皇太子自留守监国以来时间不长，但留心政务，抚爱百姓，非常尽心，对刑法所施也细审详察。加之政务之余，能够专心精研圣人经典，领会深意。先王所藏书册都能研讨精华。好善正直，是国家的希望，深副我所怀。命赏赐绢帛五百缎。”

但李贤和母亲武后的关系却十分紧张，主要的原因有两个：

首先，当时唐宫中有流言说，李贤不是武后亲生，而是武后的姐姐韩国夫人武顺与高宗的儿子。李贤将信将疑，十分痛苦，因为如果他是韩国夫人的儿子话，那武后就是她杀母、杀姐、杀兄的大仇人。

其次，武后宠幸术士明崇俨。明崇俨十分看不上李贤，曾对武后说“太子不堪承继，英王（武后第三子）貌类太宗”，还说“相王（武后幼子）相最贵”。李贤听说后，对明崇俨深恶痛绝。唐宫之中，人人皆知，李贤与明崇俨不和。

李贤“颇好声色”，“与户奴赵道生等狎昵，多赐之金帛”。司议郎韦承庆曾上书劝谏，但李贤不听。武后知道这件事情后，担心李贤走了歪路，就派人撰写《少阳正范》及《孝子传》给李贤看，并多次写信训斥他。李贤内心“愈不自安”，对母亲恨上加恨。

明崇俨的意外死亡，使母子二人之间长期积攒的矛盾不可遏止地爆发出来。

明崇俨，洛州偃师人。其父明恪任安喜县令时，县里有个会召鬼神法术的术士，明崇俨学会了他的法术。乾封年间，明崇俨应封泰山之举，授黄安县丞。会刺史有女病重，明崇俨用偏方殊物治疗，治愈了她。唐高宗听闻其名，召见面谈，见其容貌俊秀，风姿神异，龙心大悦，当即擢授明崇俨冀王府文学。仪凤二年（公元 677 年），明崇俨累迁正谏大夫，特令他入阁供奉。明崇俨每次通过谒见，都假以神道，来评论时政得失，唐高宗和武后非常赞同。

仪凤四年（公元 679 年）五月初三，明崇俨竟被盗贼杀死。高宗下令追捕凶手，竟然不得。武后怀疑暗杀明崇俨是太子李贤派人所为，大怒之下，就将李贤“与户奴赵道生等狎昵”的丑事报告给了高宗。高宗派薛元超、裴炎与御史大夫高智周等调查此事，却意外在东宫的马坊中搜得皂甲数百领。赵道生供认这数百领皂甲是造反的武器，而且的确是李贤派人杀害了明崇俨。

高宗一向喜欢李贤，想要赦免李贤的罪行。但武后却说：“为人子怀逆谋，天地所不容；大义灭亲，何可赦也！”高宗只得将李贤废为庶人，软禁于长安，“党羽皆伏诛，乃焚其甲于天津桥南以示士民”。

太子洗马刘讷言曾经编纂了一本《俳谐集》（类似于幽默大全）献给李贤。李贤败落后，调查人员在东宫搜到了这本书。高宗大怒：“以《六经》教人，犹恐不化，乃进俳谐鄙说，岂辅导之义邪！”刘讷言被流放到振州。

左卫将军高真行之子高政是李贤的太子典膳丞。高真行是高士廉的儿子、高履行的弟弟。高宗给他面子，打算宽宥高政，便“以付其父，使自训责”。没想到，书香门第的高家竟然做出了禽兽不如的事情。高政被释放，刚刚踏入家门，迎接他的却是一场蓄谋已久的阴谋。高真行以佩刀直刺儿子的咽喉，他的哥哥高审行“又刺其腹”，侄子高璿“断其首”。高家人将高政的尸首“弃之道中”，以示与高政划清界限。高宗听说后，连连摇头，立即将高真行贬为睦州刺史、高审行贬为渝州刺史。

武后借李贤谋反案大做文章，将高宗的十四弟、苏州刺史曹王李明和蒋王李恽的儿子蒋王李炜牵连了进来。“坐故太子贤之党”，李明被降封零陵郡王，发配黔州安置；李炜被除名，发配道州安置。不久后，又指使党徒杀害了二人。

弘道元年（公元683年），已软禁长安达四年之久的李贤又被流放到偏远的巴州（今四川省巴中市），走时妻儿仆从衣缕单薄，十分凄凉。皇太子李哲（即李显）为此上书恳请帝后怜悯，稍赐春冬衣物。李贤在巴州写下了著名的《黄瓜台辞》：

种瓜黄台下，瓜熟子离离。
一摘使瓜少，再摘使瓜稀。
三摘犹自可，摘绝抱蔓归。

这首诗在格调上比较类似于曹植的那首：“煮豆燃豆萁，漉豉以为汁。萁在釜下燃，豆在釜中泣。本是同根生，相煎何太急。”但曹植用豆和豆萁比喻兄弟相煎的情形，李贤这首诗却是用藤和瓜比喻母子相煎。所以，相比于曹诗“相煎何太急”这样激烈的言辞来，李贤的这首《黄台瓜辞》更多的是一种哀婉。他在诗句中也没有办法进行指责，因为敌人是自己的母亲。清代贺裳在《载酒园诗话》中说：“《黄台瓜辞》不唯音节似古乐府，‘三摘犹自可，摘绝抱蔓归’，言外有身不足恤，忧在宗社意。”是的，李贤的诗中，并没有太抱怨自己的厄运，而是奉劝母后“三摘犹自可，摘绝抱蔓归”，不要对亲生的儿女们赶尽杀绝。

《黄台瓜辞》文采并无可圈可点之处，但却在李唐皇族中广泛流传，影响极大。李唐皇族只要一提起此诗，都不禁唏嘘感慨不已。肃宗时，大臣李泌为了保全太子李豫，对肃宗当面朗诵这首《黄台瓜辞》。肃宗听了，当时潸然泪下，从此再也没有动过废李豫的心思。可见《黄台瓜辞》影响之大。

但李贤的诗并没有打动自己的母后。高宗驾崩后，武后命令左金吾卫大将军丘神勣前往巴州检查庶人李贤的住宅，以防备谋反隐患。丘神勣到巴州后将李贤囚禁于他室，逼令自杀，年仅二十九岁。

李贤被废后，他的三弟李哲继立为太子。

5. 招徕人才

“二圣”时期，表面上是二圣共治，但实际上由于高宗的身体状况越来越差，大量的政务都是由武后来处理的。在此过程中，武后不断地强化自己的权威。但同时，她也清醒地意识到：自己身居后宫，若想驾驭整个国家机器，仅靠一人之力是不够的，仅靠李义府等无德无能的政治投机者的帮助也是不够的，必须招徕人才，组建一支既忠诚又能干的政治力量。

从乾封元年（公元 666 年）开始，武则天陆续从左、右史和著作郎中，物色了一批才学俱佳的文人学士，名为修撰著作，实则“奉诏于翰林院草制，密令参决，以分宰相之权”。唐制，官衙都在宫城之南，院在银台之北，这些人不经南门，而于北门出入，时人因谓之“北门学士”。

“北门学士”多为当世闻名的青年才俊，元万顷、范履冰、苗楚客、周思茂、韩楚宾、刘祎之均名列其中，而其中最著名者便是元万顷和刘祎之。

元万顷颇有才名。乾封二年（公元 667 年），他追随李勣征讨高句丽，担任辽东总管记室。元万顷负责起草《檄高丽文》，内中偏偏写了一句“不知守鸭绿之险”。泉男建听说后，立即移兵据鸭绿江，并专程派人到唐军大营“致谢”：“谨闻命矣！”高宗勃然大怒，将元万顷流放至了岭南。后来，遇赦而还，又拜著作郎。武后选人，就把他给选了进来。

刘祎之，字希美，以文章知名，与孟利贞、高智周、郭正一并称为“刘、孟、高、郭”，他们都在昭文馆工作。武后对他极为欣赏，一路提拔。仪凤二年（公元 677 年），刘祎之升任中书侍郎，并担任了相王李旦的司马。刘祎之与人同撰《列女传》《臣轨》《百僚新戒》《乐书》等书近千余卷。

这批“北门学士”组成的智囊班子，为武氏造舆论、定主意出了很大的力。在此后的二十余年中，武则天不仅在皇后的位置上坐得稳稳当当，高宗死后她又临朝称制，并逐步造成改唐为周的形势，这些都是与“北门学士”分不开的。因此，武则天也没有忘记这些功臣，他们多数被擢升为三四品高官，范履冰、刘祎之还做到宰相，长期受到重用。

“北门学士”不仅帮助武则天分减皇权和相权，而且在有关国家的经济、军事、文化、政治等方面也为武则天出过不少良策。上元元年（公元674年），唐高宗称天帝，武则天升为天后，四个月之后，她就在“北门学士”的协助下，提出了治理国家的一个政治纲领——《建言十二事》。其内容为：

（1）劝农桑，薄赋徭；
（2）给三辅地；
（3）息兵，以道德化天下；
（4）南北中尚禁浮巧；
（5）省功费力役；
（6）广言路；
（7）杜谗口；
（8）王公以降学习《老子》；
（9）父在为母服丧三年；
（10）上元前勋官已给告身者无追核；
（11）京官八品以上益禀入；
（12）百官任事久，材高位下者得进阶申滞。

《建言十二事》颁行后，在实践中取得了很好的效果，推动大唐国力继续向前发展，为后来“开元盛世”的出现打下了坚实的基础。

“北门学士”从组织起来直至武则天登基称帝的二十多年中，一直是武则天手中重要的执政工具。武则天正是通过这个由文章高手组成的智囊班子，才一步一步地从皇后、天后，走向皇帝宝座的。称帝之后，武则天总揽朝纲，广招天下俊杰，“北门学士”的作用才慢慢衰落下去。

除了通过非官方的北门学士延揽人才外，武后还积极地从中下级官员中发掘可用的人才。其中，最有代表性的一个便是狄仁杰。

狄仁杰，字怀英，并州太原（今山西省太原市）人。

狄仁杰早年考中明经科，出任汴州判佐，后在阎立本的推荐下，担任并州都督府法曹。长史蔺仁基让他的同僚郑崇质出使绝域。郑崇质的母亲年迈多病，受领这项任务后，时常面露忧色。狄仁杰得知缘由后说：“彼母如此，岂可使之有万里之忧！”于是，他主动找到蔺仁基，请求让自己代替郑崇质出使绝域。蔺仁基素来和司马李孝廉不和。二人此时见了狄仁杰的义行，感动万分，竟相谓曰：“吾辈岂可不自愧乎！”此后，二人捐弃前嫌，和睦相处。

后来，狄仁杰升任大理丞，他刚正廉明，执法不阿，一年之内判决了大量的积压案件，涉及一万七千人，却无一人冤诉，一时名声大振。仪凤元年（公元 676 年），左威卫大将军权善才、右监门中郎将范怀义误砍昭陵柏树，唐高宗要处死他们，狄仁杰却认为他们不应判死罪。

唐高宗怒道：“他们是让我做不孝之子，必须要杀他们。”

狄仁杰道：“汉朝时有人盗取高庙玉环，汉文帝想要灭其族，张释之直谏道：‘假如盗取了长陵一把土，将如何按律加其罪？’于是罪只杀一人。陛下的法律悬挂在宫外阙门上，法律规定本来就有差别等次的，罪不至于死而让他们去死，这是什么缘故呢？现在误砍一株柏树，就杀掉二位大臣，后世之人将说陛下是什么样的君主呢？”

高宗于是免去了二人的死罪。

这件事情成了狄仁杰发迹的起点，武后从此便开始注意他了。事后没几天，在武后的劝说下，高宗便将狄仁杰擢升为专门上书言事的侍御史。

调露元年（公元 679 年），司农卿韦机督建完成宿羽、高山、上阳等宫，狄仁杰以宫室太过壮丽为由上表弹劾，韦机因此被免官。不久，狄仁杰又弹劾左司郎中王本立恃宠跋扈，请求交付法司审理。

高宗下诏宽宥，狄仁杰竟说：“朝廷虽然缺乏人才，但是却不缺王本立这种人。陛下为什么要爱惜此人，而亏损王法呢！如果一定要宽赦王本立，就请把臣贬到没人的地方，给将来忠贞的人作为警戒！”

王本立即被治罪。从此，“朝廷肃然”。

不久，狄仁杰加朝散大夫，又改任度支郎中，并在高宗前往汾阳宫（在今山西省静乐县）时，充任知顿使。

6. 最后的唐高宗

永隆元年（公元 680 年）八月，李贤被废，高宗立武后第三子李显为皇太子。

李哲，初名李显，于显庆元年十一月五日（公元 656 年 11 月 26 日）生于长安，先封周王，后又改封英王。如果说他的两个亲哥哥（李弘和李显）身上的标签是仁善的话，那么李显身上的标签就是仁弱。高宗仁弱，他比高宗还要仁弱，因此并不是特别受高宗的喜欢。

李显玩性极大，尤爱斗鸡。龙朔元年（公元 661 年），六岁的他和时为沛王的二哥李贤斗鸡。李贤的沛府修撰正是“初唐四杰”之一的王勃。王勃年轻气盛，为了向李贤献媚，特意写了一篇《檄英王鸡》，讨伐英王鸡，以此为沛王鸡助兴。岂料，高宗看到这篇文章后，龙颜大怒：“歪才，歪才！二王斗鸡，王勃身为博士，不行谏诤，反作檄文，有意虚构，夸大事态，是交构之渐”。当天，他就面责了王勃，并免除其一切官职，逐出沛王府。

李显长大后，越发懦弱。他的英王妃赵氏是高宗的十九姑常乐公主的女儿。上元元年（公元 674 年），武后为了打击常乐公主，以赵氏对自己不恭谨为由，将其废黜并关入内侍省的女牢。赵氏最终活活饿死在牢中。而李显从始至终都没有为妻子说过一句话。

李显从无政治野心，但二哥李贤的意外被废，将他推到了历史的前台。高宗知道这个儿子离一个合格的天子还差得很远，因此，特地于开耀元年（公元 681 年）三月下诏，以重臣刘仁轨、郝处俊分别兼任太子少傅、太子少保，负责教导太子。

郝处俊时任侍中。上元二年（公元 675 年）三月，高宗不堪忍受风眩症，提出让武后“摄知国政”。当时的郝处俊还是中书侍郎，他向高宗上书称：“天子理外，后理内，天之道也。昔魏文帝著令，虽有幼主，不许皇后临朝，所以杜祸乱之萌也。陛下奈何以高祖、太宗之天下，不传之子孙而委之天后乎！”

高宗听了他的话，最终未让武后“摄知国政”。武后从此对郝处俊怀恨在心。此次，高宗为李显遴选郝处俊为师父。武后趁机免去郝处俊的侍中一职，将她一手提拔起来的裴炎提拔为侍中。

此时的高宗，身体一日不如一日，时常让李显监国。永淳元年（公元 682 年）正月，李显的太子妃韦氏为他诞下了第一个儿子——李重照。高宗比李显都高兴，因为这是他的嫡长孙。李重照刚满月，高宗就下诏将其立为皇太孙。他还想为李重照开府置僚属，并就此问题咨询了吏部郎中王方庆。

王方庆十分委婉地说：“晋及齐皆尝立太孙，其太子官属即为太孙官属，未闻太子在东宫而更立太孙者也。”

高宗不太高兴，索性说道：“自我作古，可乎？”

王方庆知道高宗决心很大，转而顺着他说道："三王不相袭礼，何为不可！"

事后，王方庆即上表，奏请为李重照开府置僚属。但高宗想了想，觉得此事的确说不过去，最终还是放弃了。

李显耽于玩乐，对当时的朝局根本就不关心。武后之心已是路人皆知，可他却浑然不觉。不久后，高宗和武后起驾洛阳，留太子李显于长安监国，使刘仁轨、裴炎、薛元超辅之。但李贤在监国期间，"颇事游畋"，不理朝政。守中书令薛元超多次上疏规谏。高宗听说后，虽然派遣使者慰劳薛元超，但并没有责怪李显，反而将薛元超召到了东都洛阳。

武后封禅泰山还嫌不过瘾，又怂恿高宗封禅中岳嵩山。早在仪凤元年（公元 676 年），她便劝高宗封中岳。高宗同意了，便下诏于当年冬封嵩山，但最终未能成行。调露元年（公元 679 年）七月，高宗又下诏说要于冬至封嵩山。这次的确是想去了，但因为突厥人的入寇，十月，高宗"诏以突厥背诞，罢封嵩山"。进入弘道元年（公元 683 年），七月，武后又怂恿高宗封中岳。因此，高宗再度下诏，说十月份要去嵩山封禅。但下诏书后不久，高宗的病情就趋于严重了。

此时的武后看出高宗这次恐怕是挺不过去了，因此于十月将李显从长安召到了洛阳。随着病情的恶化，高宗先是改口说封中岳改在明年初，后来又干脆"罢来年封嵩山"。他头痛欲裂，且目不能视，乃招御医秦鸣鹤诊断。

这位秦鸣鹤可不是中土人士，而是来自遥远的拜占庭帝国。当时唐朝人称拜占庭帝国为大秦，秦鸣鹤来到中土后，因唐朝人对拜占庭的称呼为姓，从此留居中国。他医术精湛，针灸技术娴熟，经诊断认为高宗头痛失明是风气上逆所致，只需砭刺头部微出血，即可愈之。

一旁的武则天听了，大怒："此可斩也，乃欲于天子头刺血！"

但痛得死去活来的高宗却说："但刺之，未必不佳。"

于是，秦鸣鹤刺其百会及脑刻穴，微放血。

须臾，高宗的头就不痛了，他高兴地说："吾目似明矣。"

武后也用手拍着额头说："天赐也！"

为了表示对秦鸣鹤的感谢，武后甚至"自负彩百匹以赐鸣鹤"。

但事实很快就证明，秦鸣鹤并未治愈高宗的病。这只是高宗临死前的回光返照而已。十二月，高宗的病情越发严重，已经发展到"气逆不能乘马"的地步。

初四晚上，高宗自知大限已到，特招宰相裴炎入内，“受遗诏辅政”。不久，高宗便崩于贞观殿。根据遗诏，“军国大事有不决者，兼取天后进止。”

十一日，李显正式即皇帝位，是为唐中宗，尊武后为皇天后。随着高宗的去世，一朝巨大的危机正在向大唐王朝步步逼近……

大唐雄风万里扬

下部（外事篇）

第六章

铁骑纵横东北亚

初唐时期，唐之劲敌，首推东突厥，次属高句丽。东突厥问题早已为太宗所解决，即位的高宗便以解决高句丽问题为首要任务。从永徽五年（公元654年）对高句丽用兵开始，到显庆五年（公元660年）攻灭百济，再到总章元年（公元668年）削平高句丽，最后到上元二年（公元675年）买肖城之战遏制新罗的野心时止，前后历时二十一年，谱写了一曲铁骑纵横东北亚的大唐雄风……

1. 东北亚局势小解

◆ 新罗简史

南北是各玩各的，很少有交集。

在统一新罗出现以前，朝鲜半岛以汉江为界，隔成南北两半。北边和南边虽偶有往来，但在绝大部分历史时期，是各玩各的，交集很少。

北部与大陆山水相连，其历史也受到了中原王朝的强烈影响。根据《史记》的记载，当地最早的一个国家是由商纣王的伯父箕子建立。周武王灭商，箕子率领五千商朝遗民向半岛迁徙，在平壤附近建立了国家。这个国家被我国史学家称为“箕子朝鲜”。

箕子朝鲜存在了一千多年。直到公元前194年，这时正是刘邦的儿子汉惠帝统治的第一年。燕地一个叫作卫满的人，带着一彪人马，杀到了朝鲜，轻而易举推翻了箕子朝鲜，建立了一个新的国家，我国史学家称其为卫氏朝鲜。势头很猛，攻城略地，发展很快。结果，就被汉武帝给盯上了。公元前107年，被灭。

灭了以后，就在故地设置了四个郡：乐浪郡、玄菟郡、真番郡、临屯郡。弹压东北各少数民族。

这其中，有一个部族叫作扶余，归玄菟郡管辖，在今吉林省吉林市、长春市一带。

据《三国史记》和《三国遗事》[⑤]记载，西汉元帝建昭元年（公元前37年），扶余国[⑥]王子朱蒙因与其他王子不和，逃到了纥升骨地区，建了一座城。

这个城在哪里呢？在今辽宁省桓仁县境内的五女山城，现在是全国重点文物保护单位。

他从吉林跑到了辽宁，建了一个新的国家，叫作卒本夫余，后来改称高句丽。

高句丽专门和扶余作对，挑战既有的政治秩序，扶余国与中原王朝关系较好，因此中原王朝经常帮助扶余国在军事上打击高句丽，相关记录在《三国志》《汉书》中时有出现。这就隐隐为高句丽反中原的传统打下了基础。

高句丽的奋斗目标是完全占据汉四郡，重新恢复卫氏朝鲜的故地。这其中，屡有交锋，但经过两百五十余年的奋斗，趁着中原内乱，到了西晋时期，总算完成了这一目标。

北边的目标已经实现了，转而就要掉头南下。

这一南下不要紧。

南边啥情况呢？

南边一直是关起门来自己玩儿。

从公元前4世纪开始，经过部落兼并，形成了三个比较大的部落联盟，分别叫作马韩、辰韩、弁韩，合称三韩。谁也奈何不了谁。辰韩在半岛的东南角，隔海与倭国相望。弁韩在西南角。弁韩的北面、辰韩的西面便是马韩。

直到公元前57年（即西汉宣帝五凤元年），崛起了一股新的势力，叫作新罗，取代了之前的辰韩。

---

⑤ 《三国遗事》是由高句丽时代僧侣一然所编撰，以高句丽、百济、新罗三国为记述对象的野史。《三国遗事》是朝鲜半岛继《三国史记》之后第二早的史书，然而其中也包含了许多神异的民间传说。

⑥ “扶余国”又作“夫余国”等，公元前2世纪至公元494年的少数民族政权，是东北地区第一个少数民族政权国家，前期王城在吉林省吉林市，后期王城在吉林省农安县。

又过了 40 年，直至公元前 18 年，崛起了一股新的势力，叫作百济。百济的创立者叫作温祚，此人正是高句丽创立者朱蒙的儿子。朱蒙当年为兄弟所不容，才出逃建国。温祚也是如此，向南跑，跑到了慰礼城建城。高句丽脱胎于扶余，而百济则脱胎于高句丽。历史惊人的相似。温祚跑到了马韩的地盘上。经过八年奋斗，公元 10 年前后并吞了马韩。

稍后一点，弁韩也被伽倻国取代。至此，三韩让位于新罗、百济和伽倻。

这三国中最先强大起来的就是百济。原因很多：第一，三韩中的马韩本来就是最强的，基础好；第二，是有帮手。百济与倭国是传统的友邦，得到了倭国的军事援助。

百济自诩南部老大，高句丽要南下，它当然不干。因为有着共同的敌人百济，所以高句丽和新罗就走到一起，一起对付百济。

新罗最大的敌人有两个，一个是邻居百济，另一个就是大海对岸的倭国。要命的是，百济和倭国交好。新罗人一直很聪明，远交而近攻。北边交好高句丽，在大陆上交好中原王朝。所以，一直能扛得住。

直到忽然有一天，高句丽迁都了，迁都平壤，南下了（北魏始光四年即公元 427 年，高句丽长寿王将国都南迁到了平壤）。新罗觉得，高句丽有野心了。新罗人很务实，怕等高句丽强大了就晚了，因此新罗马上变了脸，转而与昔日的敌人百济结盟，共同对付崛起的高句丽。

高句丽进步得很快，仿效中原王朝，实行了中央集权体制，建立了封建制度，汉化非常严重。汉化的直接后果就是迅速走向强大。

新罗人最早意识到了威胁，所以早早就想和百济结盟。但百济人很傲娇，觉得单独靠自己的力量，对付高句丽没问题，因此百济没答应。

至公元 4 世纪时，百济达到了鼎盛，曾经在战场上打死高句丽的国王。（东晋太和六年即公元 371 年，百济近肖古王攻破平壤，并在战场上杀死了高句丽故国原王。）鼎盛时期，百济的疆土包括西朝鲜（除了平安北道和平安南道）的绝大部分。后迫于高句丽的压力，而与新罗结盟。

有了新罗人的支持，百济就可以继续和高句丽死磕。双方围绕汉江流域展开了激烈的争夺。汉江流域是半岛上人口密集、经济发达的富饶之乡。

新罗人先是帮助百济把高句丽从汉江赶了出去。百济高兴啊，但是高兴了没几天，新罗人突然出手，夺走了汉江。至此，新罗和百济之间延续了 120 年的盟友关系宣告结束。鹬蚌相争，渔翁得利。新罗是超级渔翁，直接笑到了最后。

公元553年，新罗背信弃义地夺走了汉江。公元554年，百济王攻打新罗，却被新罗擒获后处死。弁韩发展为的伽倻，公元6世纪被新罗吞并。新罗迅速崛起。

新罗得罪了高句丽和百济，尤其是百济，它恨新罗恨得要死。所以新罗人又给自己寻找了新的靠山——中原王朝。

三国谁也奈何不了谁，形成了一种动态的平衡，虽偶有此消彼长，但谁也灭不了谁。百济和高句丽又联合起来，对付新罗，新罗单挑两国。

朝鲜历史学家将这一段历史称为三国时代。

那新罗想要找个更厉害的帮手，就找到了隋朝。隋朝灭亡后，继续和唐朝交好。

隋代周后，又于公元589年灭陈而统一中原。然而，高句丽在隋灭陈作战时，就担心祸将临头，积极备武积粮，“治兵积谷，为守拒之策”，引起隋文帝的极大不满，在给高句丽的诏书中很不客气地威胁说：“王谓辽水之广，何如长江？高丽之人，多少陈国？朕若不存含育，责王前愆，命一将军，何待多力！殷勤晓示，许王自新耳。宜得朕怀，自求多福。”

灭陈的次年，高句丽的婴阳王高元即位，隋文帝册封其为开府仪同三司、辽东郡公、高句丽王。但隋朝与高句丽的利益冲突终究是不可调和的。

隋开皇十八年（公元598年），高元先发制人，亲率靺鞨骑兵万余进攻辽西，被营州总管韦冲击退。隋文帝十分恼怒，命汉王杨谅、上柱国王世积为行军元帅，周罗喉为水军总管，率大军三十万，分水陆两路进攻高句丽，并下诏黜除高元官爵。

汉王杨谅率陆路隋军出临渝关（今山海关），时逢雨季，道路泥泞，粮草供应不上，军中疫病流行，虽勉强进至辽水，但已无力投入战斗。水路隋军由周罗喉率领，自东莱出海，直趋平壤城，在海上遇大风，船多沉没。于是水陆两路被迫退还，死者十之八九。

高句丽王慑于隋军威，亦遣使谢罪，上表自称“辽东粪土臣元”。隋文帝于是罢兵。

但是高句丽仍旧四处联结反隋势力，当隋炀帝在突厥可汗处发现高句丽的使臣后，开始认识到高句丽是中原潜在的边患。于是，战争再度爆发。

隋炀帝大业八年（公元612年），隋朝的百万大军从陆路和海上攻打高句丽，一路破城四五十余座，后来由于隋军前线将领指挥不当，造成渡过辽河进攻的三十万大军几乎全军覆没。大业九年（公元613年），隋炀帝亲征高句丽，但因杨玄感的反叛，此次战役仓促结束。大业十年（公元 614 年），隋炀帝再次亲征高句丽，进展顺利。高元大惧，乃遣使请降谢罪。隋炀帝许之，遂班师回朝。大业十一年（公元 615 年），隋炀帝又打算攻高句丽，但由于内乱加剧，计划最终被取消。隋对高句丽的战争使隋朝国力锐减，并引发隋末民变，最终于公元 618 年灭亡。

不过，这场战争严重地削弱了高句丽的国力，阻止其泛滥崛起的势头。

到了唐朝，太宗在灭掉东突厥后，就将注意力投向了高句丽。贞观十七年（公元 643 年），新罗遣使入朝，述说百济攻占其四十余城，并与高句丽图谋断绝其与唐朝的通路。太宗李世民派人出使高句丽，命其停止争战，遭高句丽权臣、莫离支（相当于唐朝的宰相）泉盖苏文拒绝，唐太宗遂决定发兵东征高句丽。

次年十一月，诏命刑部尚书张亮为平壤道行军大总管，太子詹事、左卫率李勣为辽东道行军大总管，率水陆大军分道进击高句丽。贞观十九年（公元 645 年）二月，唐太宗率六军从洛阳出发，御驾亲征。张亮率水军渡海袭占卑沙城，李勣军攻克辽东重镇辽东城，斩俘两万余人。六月，唐军进至安市城（今辽宁海城东南营城子）。高句丽北部耨萨（相当于酋长）高延寿、高惠真率十五万大军前来救援，被唐太宗击败，余众归降，高句丽举国震恐。七月，唐军开始围攻安市城。由于守军殊死抵抗，使唐军至九月仍未攻克。时近深秋，草枯水冻，士马难以久留，唐太宗被迫于九月十八日班师还朝，没有达到征占高句丽的预期目的。

唐太宗回朝后，群臣建议对高句丽派偏师进袭骚扰，使其国人疲于应付，耽误农时，几年后即可使高句丽因粮荒而土崩瓦解，太宗采取了这一建议。以后，唐军采取了对高句丽发动骚扰性攻击的策略，共有以下几次：

贞观二十一年（公元 647 年），太宗命牛进达和李勣率军从水陆两路进扰高句丽，拔石城，高句丽王遣其子高任武入唐谢罪。

贞观二十二年（公元 648 年），太宗派右武卫大将军薛万彻率三万大军乘楼船渡海，入鸭绿水，于泊灼城（今辽宁省丹东市东北）大败高句丽。

此后直到高宗永徽五年（公元 654 年），唐朝与高句丽方面一直相安无事。

◆ 靺鞨简史

靺鞨是中国东北的一个古老民族，周秦时称肃慎，世居白山黑水之间，以渔猎为业，并同中原地区建立了密切关系。两汉至魏晋时，肃慎后裔称挹娄，曾长期役属于夫余。曹魏初年，挹娄摆脱夫余的羁绊，始直接通贡于中原，社会发展较为迅速，出现了私有制和贫富分化。北魏时，挹娄改称勿吉，势力更为强盛，逐渐打败夫余人，入松花江流域，仍臣属于中原政权。隋唐之际，勿吉又称靺鞨，已拥有粟末、白山、伯咄、安车骨（鄂温克族的直系祖先）、号室、拂涅、黑水等七大部落。

靺鞨七部发展水平不一，大多以角弓、楛矢射猎为生，凿土穴而居。黑水靺鞨部居最北面，发展较慢，使用铁器，善用自造毒药敷於箭矢，以射禽兽。黑水靺鞨后演化成女真族，女真族是满族的直系祖先。粟末靺鞨部居最南方，较先进，种植粟、麦、穄等作物，养猪、马，以米酿酒，以猪皮为衣。粟末靺鞨是今鄂伦春族的直系祖先。

粟末靺鞨与高句丽因争夺土地逐渐产生冲突，连年征战。隋炀帝大业元年（公元 605 年），粟末靺鞨败于高句丽，其首领突地稽乃率八部大众自扶余城（今吉林四平）西北内附于隋，被安置于柳城（今辽宁朝阳）一带，逐渐同当地汉人融合。留在故地的粟末靺鞨人则与白山、伯咄、安车骨、号室诸部靺鞨人先后沦为高句丽的附庸，成为高句丽扩张战争的马前卒。

◆ 倭国简史

倭国，即今日倭国之前身。

弥生时代[⑦]的倭国列岛，分成若干个小国。东汉光武帝建武中元二年（公元 57 年），九州岛上的奴国曾遣使到洛阳。光武帝特赐其王以汉委奴国王金印[⑧]。汉安帝永初元年（公元 107 年），国王帅升又遣使来朝，并献上“生口”（奴隶）。

---

⑦ 弥生时代，约公元前 300 年至公元 300 年，是日本古代使用弥生式陶器的时代。

⑧ 汉委奴国王金印，印面正方形，边长 2.3 厘米，印台高约 0.9 厘米，台上附蛇形钮，通体高约 2.2 厘米，上面刻有“汉委奴国王”字样。天明四年（1784 年）由名叫秀治和喜平的二位佃农，在耕作挖沟时偶然发现的。金印出土以后辗转百年，直至 1979 年一个家族的后人把它捐献给了日本福冈市博物馆。

到了三国时期，邪马台国成为许多小国的共主，其女王卑弥呼于景初三年（公元239年）遣使到洛阳，魏帝赐“亲魏倭王”金印及锦缎、铜镜等各种礼物，由带方郡派官吏回访。“倭”字最初并无贬低之意，实脱胎于曹魏国号的“魏”字。“魏”去“鬼”而加“人”，以示友好往来。此后，邪马台国即被历代中原王朝称作倭国。

两晋南北朝时期，中国内乱，失去了与倭国的联系。公元589年，杨坚建隋。彼时，倭国的实权掌握在以圣德太子为首的改革派手中。圣德太子决定恢复与中国断绝一个多世纪的联系，派出遣隋使，向富庶强盛的隋朝学习强国之术。据《隋书·倭国传》记载：公元600年，倭国首次向隋廷派出遣隋使。又据《倭国书纪》载：公元607年，圣德太子遣小野妹子使隋。

不过，这一时期的倭国一改过去向中国王朝请封朝贡的态度，持两国平等立场。小野妹子第一次使隋时递交的国书称：“日出处天子致书日没处天子无恙”。这封国书虽引起隋炀帝的不悦，但公元608年小野归国时，隋朝还是遣裴世清出使倭国。同年9月，裴世清回国时，倭国又遣小野妹子第二次赴隋。这次带来的国书称“东天皇敬白西皇帝”，既反映了外交上追求对等，也反映了圣德太子想建立中央集权国家的强烈愿望。

唐高祖武德五年（公元622年）4月8日，圣德太子去世。权臣苏我氏家族杀害了圣德太子的儿子山背大兄皇子，另立天皇，使刚刚开始的改革夭折。太宗贞观十九年（公元645年）5月12日，中大兄皇子联合中臣镰足等人刺杀大贵族苏我入鹿，史称“乙巳之变”。中大兄逼皇极天皇退位，拥立孝德天皇，于公元646年正月启动改革。这就是倭国历史上著名的“大化革新”。“大化革新”以唐朝为蓝本，意在加强中央集权，促进国家统一。从此，倭国开始进入封建社会。

◆ 战端再起

高宗刚即位时，东北亚的局势大致如下：

倭国方面，在中大兄皇子的带领下，“大化革新”步入正轨，实力不断增强的倭国意图恢复其在朝鲜半岛的支配地位，不断染指半岛局势，尤其与百济联络不断；

大化革新以前，苏我氏等大贵族控制政权，天皇家族没有什么实权。公元645年6月，皇室中大兄皇子（后成为天智天皇）联合贵族中臣镰足发动政变，刺杀当时掌握朝政的权臣苏我入鹿，其父苏我虾夷自杀，皇室夺取政权。中大兄皇子等拥立孝德天皇。

公元645年6月19日，孝德天皇宣布模仿中国建立年号，定年号为“大化”。公元645年，即为大化元年。大化二年（公元646年）正月初一，孝德天皇颁布《改新之诏》，正式开始改革，史称“大化革新”。

贞观十九年（公元645年），革新派以唐朝律令制度为蓝本，参酌日本旧习，从经济到政治方面进行了改革，规定了中央集权的封建国家体制，并诏书公布改新的内容，律令严格划分良贱的身份制。大化革新部分的解放了生产力，完善了日本的统治制度，奠定了日本的国家发展方向，有非常积极的意义。

此后日本形成了以天皇为首的中央集权国家。

大化革新的主要内容有四个方面：

（1）废除皇室和贵族的私有土地和部民（部曲），收归国家，是为公地公民。对大夫以上高官贵族赐予食封；

（2）改革统治机构，建立京师和地方行政机构（国、郡、里），设置关塞、防人（戍边军）及驿站，各置职官；

（3）造户籍、记账（赋税簿帐），施行班田收授法。凡田长30步、广20步为段，10段为町；

（4）改革税收制度，施行租庸调新税法。

同明治维新并称为日本历史上的两次重要变革。大化革新将日本奴隶社会过渡到了封建社会，明治维新将封建社会过渡到了资本主义社会。

公元646年元月新政权以诏书形式颁布了《改新之诏》，并全力向全国贯彻。改新的主要内容：废止私有土地、部民，实行公地公民制，皇室贵族、地方贵族的部民和屯仓、田庄，均收归国有，但保留朝廷的手工业部民，国家赐大夫以上的高官以食封（按级别所赐封户的赋课）。确定中央、地方的行政区划和组织，中央分京师和畿内（京都周围地带），地方分国、郡、里。整备军事、交通制度。官吏由国家任免，废除世袭制。编制户籍、计账，行班田收授之法，统定班给人民土地和应负租赋的数额。废旧贡纳制，实行租庸调的新税法及向皇室献纳仕丁、采女的制度。

为了使改革顺利进行，新政权在全国各地登记人口和检查田产。公元701年又发布了《大宝律令》，使改革以法律的形式固定了下来。大化革新是个逐步的过程，大约经历了半个世纪，改革的纲领在实施中也不断完善和修政。大化革新之后，日本在经济方面废除了部民制，建立起封建土地国有制。在政治方面，废除了贵族的世袭特权，建立以皇权为中心的中央集权国家。在军事上，实行征兵制，在京师设立了五卫府，在地方设军团，所有军队一律归中央统一指挥。

律令规定授予皇族以下贵族、官吏的位阶及相应的特权。同时，确立严格划分良贱的身分制。

公元 667 年迁都近江大津（今滋贺县）。次年，中大兄即位为天智天皇，编纂了日本第一部成文法《近江令》。新政府从公元 653 年起，16 年中派 6 次遣唐使（其中一次途中遇难），学习盛唐文化和封建生产方式，促进了社会的进步。天智天皇死后发生壬申之乱（公元 672 年），天智之弟大海人皇子杀天智子大友皇子，自立为天武天皇，同年迁都飞鸟净御原宫（在今奈良县）。天武天皇发展封建集权制，扫除旧势力，严选官吏，制定八色姓（八等氏族长的世袭尊称），固定贵族身分。

公元 689 年，编订《飞鸟净御原律令》，以防止旧氏姓贵族的复辟。

50 余年后，藤原不比等人于大宝元年（公元 701 年）编成日本封建国家最完备的法典《大宝律令》，最后完成大化革新并以开元盛世的唐朝为楷模的天皇制国家的理想。

日本的改革进行得如火如荼。学归学，学了是为了对付你、超越你。不仅不交学费，而且要跟老师交班。暴发户，牛逼起来了。

百济方面，自公元 553 年的汉江之战后，将新罗视作头号敌人，因新罗与唐朝缔盟，百济转而投入了高句丽的怀抱，亦步亦趋地追随着高句丽的政策。

新罗方面，因受到高句丽与百济的夹攻，始终奉行对唐臣服的政策，借助唐朝的实力对抗着高句丽、百济以及倭国的威胁。

高句丽方面，对唐廷阳奉阴违，明里归顺服从，暗里北联靺鞨、南结百济，尤其是对新罗动作不断。

初唐时期，唐朝最强大的外敌有两个：一为东突厥，一为高句丽。东突厥问题早在太宗贞观初期便已得到解决。而高句丽不仅挫败了太宗的进攻，而且一直不愿臣服唐廷。高宗初即位，既想为父报仇，又想有所作为，便将高句丽视为头号劲敌。

李世民一死，最高兴的人莫过于渊盖苏文了。不过，新的问题又来了：新的大唐皇帝会对高句丽采取什么政策？是继续对付我们，还是放我们一马呢？

高句丽很紧张，李世民死了，谁知道新皇帝是个什么打算。

渊盖苏文决定，试探一下高宗的态度。

等了一年，渊盖苏文沉不住气了，于是第二年（永徽二年），他指使百济“遣使入贡”。有人问了，高句丽为啥不去试探，反而推了百济上来。原因很简单，高句丽现在和大唐仍旧是敌对状态，而百济在名义上仍旧是唐朝的藩属。

这一试还真就试探出来了。高宗非常直接地告诫百济：“勿与新罗、高句丽相攻，不然，吾将发兵讨汝矣。”其实，谁都清楚，百济和高句丽是穿一条裤子的，怎么可能会相攻。高宗的话就两重意思：第一，到底跟着我们大唐向左走，还是跟着高句丽向右走，你们可要考虑清楚了；第二，不要对新罗用兵。

这下，渊盖苏文摸到了高宗的态度。哦，搞来搞去，唐廷还是这么个态度。成，管你们怎么说，我们该怎么干还怎么干。既然你们是老态度，那我们也是老态度：就是收拾新罗了。但新罗上下一心，同仇敌忾，得等机会。

等了三年，机会真就来了！永徽五年（公元 654 年）闰四月，新罗王位更替，真德女王去世，其弟金春秋即位，是为武烈王。值此政权更替之际，新罗政局不稳。经过半年多的准备，永徽六年正月，高句丽联合百济，夹击新罗。

新罗不敌，赶紧上书唐廷求援。

要是没了新罗，高句丽就再无后顾之忧了。

高宗没有丝毫的含糊，立即诏命营州都督程名振发兵攻打高句丽。

营州就是遏制高句丽的桥头堡。

程名振，始终未得到重用，是因为他后来又投到了李建成的麾下。当即提拔程名振为营州（今辽宁朝阳）都督。因他资历最老，配了两员强将，薛仁贵和苏定方。

五月，程名振率军渡过辽水（指大小辽河），进入高句丽国境。两军战于贵端水（今浑河）。高句丽军大败。程名振等奋力向前，“杀获千余人”。此后，高句丽采取对抗唐太宗时的老战法，收缩战线，坚壁清野，避战不出。唐军深入敌境，补给线过长，求战不得之下，只得“焚其外郭及村落而还”。

这么一打，高句丽人才知道，唐军还是那么彪悍。不能再打小新了，再打小新老唐就又来了。于是，便停止了对新罗的军事行动。

这样就达到了高宗的目的：高宗目前想的，就是维持三国之间的平衡。

维持平衡比彻底消灭，代价要小得多。打服比打死要合适得多，这其中没有太多领土的概念。

这是一种明智的做法。打死，破坏了平衡，未必是一件好事儿。

此战虽然不大，但却标志着唐朝与高句丽之间维持了五年左右的短暂和平，就此宣告结束了。

其实，太宗、高宗两代帝王积极追求的仅仅是在东北亚树立唐廷的绝对权威而已，并非是要彻底灭亡高句丽、百济二国，只要二国像新罗一样臣服大唐，愿世为大唐藩篱，就足够了。但高句丽却并不能树立务实的战略观，一心想称霸东北亚，并再次抢先出手。

从这一年开始，唐廷频频出击。程名振带着薛仁贵，接连打败高句丽。今天夺一座城，明天夺一块地。

高句丽急眼了，好，你打我，我就再打新罗。

高句丽见前线不能有所作为，转而指使百济大举进攻新罗。新罗武烈王频频上书唐廷求援。有大哥不用，我傻啊？！上书！求救！

高宗一看，武力根本不能让高句丽屈服。多少年来，都做了无用功。不行，这么下去不是办法。要一劳永逸地解决问题，只有一个办法：就是彻底干掉高句丽。而且，百济这家伙明显就是跟高句丽穿一条裤子的。

但是，在具体的策略上，高宗显然是吸取了太宗的教训：都要打，但在打的程度和办法上有很大区别。

太宗就是捡着高句丽，一顿胖揍。而高宗就比较聪明了。

高句丽虽然小，但是军事实力可不弱。单独靠大唐来攻，恐怕付出沉重代价，也未必能奏效。这一点，太宗时期的历史已经证明了。必须夹击他。

夹击的帮手，当然是新罗最合适了。可是，新罗为百济所掣肘，没法集中兵力对付高句丽。所以，应该先消灭百济，剪除新罗的掣肘。而后，与新罗南北夹击，灭了高句丽。

显庆三年（公元 658 年）六月，程名振携右领军中郎将薛仁贵攻破高句丽赤烽镇（今内蒙古赤峰市），“斩首四百余级，捕虏百余人”。高句丽三万大军意图收回赤烽。程名振指令契丹部迎战。契丹人大破高句丽军，“斩首二千五百级”。一年后的十一月，薛仁贵又于横山（今辽阳附近华表山）击败高句丽大将温沙门。

高句丽、新罗都知道大唐要动手了。唯独百济人不知道。为啥，隔着海呢。

高宗要选一个统帅，选谁呢?

显庆五年（公元660年）三月，大唐兴兵十万，联合新罗人马，一同攻打百济。统兵将帅正是五年前跟着程名振征讨高句丽的苏定方。

贞观十八年（公元644年），程名振受到了李世民的破格重用。贞观十九年（公元645年），程名振在征讨高句丽的战役中，攻占沙卑城，在独山打败高句丽军，常常出奇制胜，以少胜多，被誉为唐朝名将。

永徽六年（公元655年），程名振升任营州都督，兼任东夷都护。二月，新罗因遭到高句丽等三国联军侵犯，于是向唐朝求援，朝廷派程名振与左卫中郎将苏定方率军前往攻打高句丽。五月，程名振等渡过辽水，高句丽见唐军兵少，于是渡过贵端水迎战唐军。程名振等奋力进攻高句丽军，大败高句丽军，杀死俘虏一千多人，焚毁其外城、村落而回。

程名振后来历任晋州、蒲州刺史，镂方道总管。龙朔二年（公元662年），程名振去世，朝廷追赠他为右卫大将军，谥号“烈”。

为啥不用程名振。因为，他已经太老了，抱病在家。

程名振要留着防御高句丽。李勣又太老了，要用新人。

苏定方是唐高宗发现的人才。

2. 第一阶段——平定百济

◆ 高宗朝第二帅——苏定方

高宗时期的名帅最为杰出者有三人，首推李勣，其次便是这个苏定方。

苏定方，名烈，字定方，以字行世，冀州武邑（今河北武邑县）人，后来迁居到始平县。隋炀帝大业末年，其父苏邕率领家乡几千人众，为自己的州郡讨伐贼寇。苏定方骁勇彪悍，力气过人，胆气超群绝伦，十五岁时，跟随父亲征战，多次率先冲锋陷阵。苏邕死后，信都郡（冀州）郡守令其接替父亲，统领部众。苏定方在郡南大破贼首张金称，杀死了他，又在郡西打败了杨公卿，追击逃兵二十多里，杀死俘获很多，从此叛军们不敢挨近州县边境，乡亲们都靠他保护。

不久，轰轰烈烈的农民起义席卷全国，隋朝统治土崩瓦解，各路英雄逐鹿中原，苏定方遂投奔窦建德帐下，窦建德的大将高雅贤很喜欢苏定方，收其为养子。嗣后，他又随从高雅贤为刘黑闼大军攻城略地，每次都立有战功。等到刘黑闼、高雅贤败亡后，苏定方便归隐故乡。

贞观元年（公元 627 年），苏定方被唐廷重新启用，任匡道府折冲。贞观四年（公元 630 年），他随从定襄道行军大总管李靖前往碛口（今内蒙古善丁呼拉尔）袭击东突厥颉利可汗。二月初八夜，李靖派苏定方率领二百名手持弓弩的骑兵为先锋，乘雾秘密行进。离贼大约一里远，大雾突然散去，苏定方望见了颉利可汗的牙帐（将帅所居的营帐），纵马突袭杀死了上百人，颉利可汗和隋朝的义成公主狼狈散逃，余众俯伏在地。李靖大军赶到，东突厥溃不成军，唐军斩首万余级，俘虏男女十余万，获得杂畜数十万，斩杀义成公主，擒其子叠罗施。不久后，颉利被擒，东突厥亡。战后，苏定方以战功授左武侯中郎将，后又迁任左卫中郎将。

永徽六年（公元 655 年）二月，苏定方跟着程名振迎战高句丽，于五月得胜而归，拜授右屯卫将军，封临清县公。当月十四日，他被调往西方战线，随从葱山道行军大总管程知节（即程咬金）征讨西突厥，被任命为前军总管。苏定方率五百精壮骑兵，翻越山岭飞驰直捣敌人军营，贼众大败溃逃，唐军追奔了二十里，斩杀一千五百多人。虽然这场战役唐军不胜而归，但苏定方却由此进入了高宗的视线。

显庆二年（公元 657 年）春，高宗破格任命苏定方为伊丽道行军大总管，统率大军再次征讨西突厥。苏定方自此开始独当一面。同年，苏定方指挥大军成功击败西突厥军，生擒可汗阿史那贺鲁，西突厥亡（详见后文征讨西突厥之战）。

显庆四年（公元 659 年）冬，苏定方又率军平定了葱岭（今帕米尔高原）以西的思结阙俟斤都曼领导的叛乱。至此，奠定了其在大唐军中仅次于李勣的名望和地位。

显庆五年（公元 660 年）二月十日，苏定方随唐高宗巡幸太原，三月十日，被任命为神丘道行军大总管，统率十万大唐攻打百济。

新罗知道要打百济，高句丽知道大唐要动手。但是，高句丽没想到大唐会对百济动手，百济更想不到大唐会对自己动手。

显庆五年（公元 660 年）二月十日，苏定方随唐高宗巡幸太原。三月十日，被任命为神丘道行军大总管（韩国《大唐平百济国碑铭》记“使持节神丘嵎夷马韩熊津等一十四道大总管”），率左骁卫将军刘伯英等水陆大军十万人征讨百济国。又以新罗国王金春秋为嵎夷道行军总管，率领新罗兵协同唐朝大军作战。

◆ 一月削平百济

百济在高句丽后方，位处半岛西南角，与唐朝并不接壤。因此，攻打百济只能走水路。

出其不意。百济人根本就不会想到，唐军会越过高句丽，渡海来攻击自己。

八月，苏定方率大军自成山（今山东荣成市）乘船横渡黄海，直抵熊津江口（今朝鲜半岛南部锦江口）。百济军沿江屯兵据守。苏定方从东岸出兵，依山摆开阵势，与百济军交战。唐朝海军扬帆前行，覆盖了整个海洋，相继到达。百济军战败，死了几千人，余众奔逃溃散。唐军大部队乘潮而上，兵力更盛，战船首尾相连而前，驶入江中，飞桨击水，擂鼓呐喊。苏定方率步、骑兵夹江并进，直逼真都城。

距城约二十里，百济举倾国之兵来战，苏定方迎击，一场大战，打败了百济军，斩杀一万余人，唐军乘胜攻入外城。百济国王扶余义慈及太子扶余隆向北境逃去。苏定方进军包围百济都城泗沘城（今韩国忠清南道扶余郡），城中的义慈次子扶余泰自立为百济王，率众坚守。

百济第一次内讧。

似乎从一开始，胜利的天平就倾向了唐朝这一边。内讧开始困扰着百济人。扶余隆的儿子扶余文思对叔叔扶余泰自立为王甚为不满。他对自己的部下说：“王与太子皆在，而叔遽拥兵自王，借使能却唐兵，我父子必不全矣。”部下深以为然。于是，扶余文思率本部人马翻城而下，投降唐军。城中百姓也纷纷出降。扶余泰无法制止。苏定方趁机命人登上城头，竖起大唐旗帜。扶余泰只得出降。消息传来，义慈王、扶余隆及各地城主等人也深感大势已去，相继归降。

大唐攻灭百济，是中国古代战争史上罕见的跨海两栖作战，规模空前，体现了唐朝初年强大的水军建设和先进的航海造船技术。高句丽失去盟国，从此陷入孤立境地，而唐朝却以百济故土为战略据点，对高句丽形成南北夹攻之势。

百济下辖五部三十七郡二百城，人口约有七十六万户。高宗下诏，在百济故地设置熊精、马韩、东明、金连、德安五个都督府，以其酋长为都督、刺史。苏定方留郎将刘仁愿、王文度镇守百济府城，亲率主力回国。至此，继平西突厥、征葱岭后，苏定方终于攀上了军旅生涯的巅峰，他"前后灭三国，皆生擒其主"。生擒了三个大褒姒。

十一月，苏定方率大军凯旋归国。高宗高兴地登上则天门楼，接收百济战俘。为了安抚百济人心，他特意颁下诏书，除国王扶余义慈外，其余战俘一律释放。

唐军八月出发，十一月凯旋，除去路上往返时间，其实仅用了一个多月的时间就灭掉了百济。这场速胜令高宗的野心迅速膨胀，他决定：趁热打铁，携胜利之师，立即对高句丽用兵。因此，就在苏定方凯旋的当月，高宗便下诏，以左骁卫大将军契苾何力为坝江道行军大总管，左武卫大将军苏定方为辽东道行军大总管，左骁卫将军刘伯英为平壤道行军大总管，蒲州刺史程名振为镂方道总管，展开了对高句丽采取大规模军事行动的先期准备。一个多月以后的龙朔元年（公元 661 年）正月，他一面从河南北、淮南六十七州征募四万四千余新兵，补充到了平壤道刘伯英和镂方道程名振的麾下；一面以鸿胪卿萧嗣业为夫余道行军总管，帅回纥等诸部兵诣平壤。至此，征讨高句丽的大军达到五路，兵锋不可谓不盛。

龙朔元年（公元 661 年）三月，正式发兵前夕，高宗在洛阳城门外大摆筵席，并请群臣及外夷观看了他指定排练的《一戎大定乐》。此舞共有舞者一百四十人，人人身披五彩甲，持槊而舞，并齐声高呼"八弦同轨乐。"从乐名就可以看出，在此时高宗的心目中，天下劲敌，仅高句丽而已；待消灭这一戎之后，便可实现天下大定的目的。

唐军为什么这么厉害。因为，有很多的异族士兵跟随作战。这些异族人作战十分勇猛，是一支生力军。

就高句丽这么一个劲敌了，灭了这个敌人，就天下大定了。

但事实很快证明，高宗对形势的估计太乐观了。大军尚未开拔，便传来了百济残部抗唐的消息。

◆ 刘仁轨的机遇

其实，危机的端倪早在苏定方大军仍在百济的时候便有所显露。苏定方的政策也有问题。

百济人对唐廷的征服存有强烈的抵触和反抗。百济达率（相当于中国的刺史）黑齿常之“长七尺余，骁勇有谋略”，战时曾归降苏定方。但苏定方“纵兵劫掠，壮者多死”，引起了百济人的反抗。黑齿常之与左右十余人，“遁归本部，收集亡散，保任存山，结栅以自固，旬月间归附者三万余人”。苏定方派兵攻打，却屡屡失利。黑齿常之甚至还收复了两百多座城池。

苏定方可是个狠人。城池是扯淡，估计就是村落。

苏定方回国后不久，留守的王文度就意外溺水而亡，剩下刘仁愿兵力薄弱，孤掌难鸣，只能勉强固守。百济王扶余义慈的堂弟鬼室福信在僧人道琛的帮助下，收罗百济残部，据守周留城（今全州西），全力抗唐。为了号召民众，福信还遣使至倭国，请中大兄皇子将在倭国充当人质的王子扶余丰送回，同时还向倭国乞师求援，并献上战争中俘虏的唐军百余人。中大兄皇子将此百余人安置在美浓国不破郡、片县郡二地，这里也就是今天位于本州中部的岐阜地区。

百济就是倭国在半岛的代言人。因此，倭国决心出兵干涉。

百济的覆灭，对倭国来说是极大损失。如果听任百济亡国，则倭国在朝鲜半岛上的势力将被全灭。这年正月，倭国以天皇亲征的形式，向百济发兵数万。齐明天皇随军西征到九州，突然病逝于朝仓宫，中大兄皇子回京素服称制，是谓天智天皇。齐明天皇之死，并没有动摇倭国出兵百济的决心。八月，另派安昙比罗夫等为前将军，阿倍引田比罗夫等为后将军，统帅全军开赴百济。九月，天智天皇派狭井槟榔等率军五千护送王子扶余丰回国，至百济境，鬼室福信等前来迎入周留城，即王位。

道琛、福信屡屡遣兵攻打刘仁愿，刘仁愿只得向唐廷求援。但此时，唐廷对高句丽的大举征伐即将开幕，绝大部分的将帅和兵力都投入到了即将展开的辽东战场，无法抽调出更多的将领和兵力。高宗想到了一个人，这个人姓刘，名仁轨。

刘仁轨别名正则，汴州尉氏县人。少年时代家境贫困，爱好学习。遇上隋朝末年的社会动乱，不能安静地读书，每当劳动之余，他就伸出手指在空中、在地上写写划划，来巩固学得的知识，终于以学识渊博而闻名。武德初年，河南道安抚大使任瑰起草奏疏议论国事，刘仁轨看到那份草稿，替他修改了几句话。任瑰对他的才学感到惊异，按照朝廷的授官规定任命他为息州参军。

不久后，刘仁轨改任陈仓县尉。官署里有个名叫鲁宁的折冲都尉，骄狂放纵违反法纪，县署里没有谁能制服他。刘仁轨警告他不得重犯，但鲁宁凶暴蛮横依然如故，刘仁轨用刑杖将他打死。州里的官员把这事报告了朝廷，唐太宗愤怒地说："一个县尉竟打死了我的折冲都尉，这能行吗？"把他召进朝廷责问。刘仁轨回答说："鲁宁侮辱我，我因此杀了他。"唐太宗认为刘仁轨刚毅正直，提拔他任咸阳县丞。

贞观十四年（公元 640 年）秋，唐太宗准备到同州设置栅栏圈围野兽打猎。当时秋收还没有结束，刘仁轨上表劝阻说："臣听说上面屋漏，下面的人知道；愚夫的计谋。可供圣人选择。所以周王向割草砍柴的人请教，商王和筑墙的傅说谋划，因此得以长久统治国家，传位无穷，功业显於宗庙，幸福流於后世。陛下天性仁爱，亲行节俭，朝夕思念，百姓在心，一人流离失所，救民之心就深切忧虑。臣听说大驾想到同州围猎，臣知四季巡视游猎，是前代帝王的常典，不过事有沿袭改革，不必一定遵循。今年好雨及时，秋天庄稼极为茂盛，田野一片金黄，庄稼才收了十分之一二，尽力收割，一个半月还不能结束，贫困无力的人家，谷子收完才准备种麦，就是按照平常的徵派，对田家已有妨碍。现在既要供奉承办打猎事宜，又要修理桥梁道路，纵使非常简略，也需动用一两万个人工，百姓正忙於收割，实在穷於应付。臣希望陛下少留一点万乘的尊严，倾听一人之言，推迟十天，待收割完毕，就会人人都有空闲，家家都得康宁。车轮慢慢起动，公私都得便利。"唐太宗下诏书慰劳说："卿职位虽低，竭尽忠诚奉事国家，所论之事，朕都十分赞赏。"不久即拜授刘仁轨为新安令，累迁为给事中。

刘仁轨为官清廉刚正，在国臣中颇有威望。但却受到了武皇后跟前的大红人、奸相李义府的嫉妒。显庆元年（公元 656 年），刘仁轨因处理大理寺丞"毕正义案"得罪李义府，贬青州（山东省青州市）刺史。显庆五年（公元 660 年），唐高宗发兵征讨辽东，刘仁轨督海运，遇风覆船，所部死伤严重。于是，朝廷派监察御史袁异式审讯，李义府暗示袁异式："你如果能办成这事（陷害刘仁轨），不用担心没官做。"李义府对唐高宗说："不斩刘仁轨，无法向百姓谢罪。"舍人源直心说："海风暴起，这不是人力所及。"唐高宗将刘仁轨免去了官职，以普通百姓的身份随军。

高宗对刘仁轨其人其实并不了解，只是听人说此人还是有几分才华的，此时正值用人之际，便就近重新启用刘仁轨，任命他为校带方州刺史，联合新罗人马，救援刘仁愿。刘仁轨接到高宗的诏书，高兴地说："天降富贵此翁矣！"

这一年，刘仁轨六十岁整。

刘仁轨御军严整，转斗而前，所向皆下。他联合新罗人马，于熊精江口连破百济兵，"杀溺死者万余人"。道琛、福信等人只得解除了对刘仁愿的围困，退保任存城（今韩国大兴）。

虽然屡有胜利，但二刘兵力薄弱，加上新罗因断粮而退军，只得采取守势。高宗大急，下诏催促新罗再度出兵。武烈王金春秋接诏不敢怠慢，立即派大将金钦率兵救援刘仁轨等。可是，新罗人马推进至半路时，却被福信打败。金钦率败军退回新罗。这样，二刘就处于了十分危险的境地。

然而，颇为吊诡的是，在二刘即将被打败之际，百济竟再度发生了内讧。道琛、福信二人互相争权。不久后，福信就杀掉了道琛，独揽大权。因为忙于内讧，福信无暇对二刘用兵，未能抓住新罗军败退的良机，一举扫除百济国土上的唐军。

◆ 高句丽战事

就在二刘坚守抗击百济残部的同时，唐军对高句丽的作战部署发生重大变化。

在这种情况下，还要不要对付高句丽？当然还要干。

高句丽是一个比百济强大的多的敌人。

五月二日，朝廷改"命左骁卫大将军、凉国公契苾何力为辽东道大总管，左武卫大将军、邢国公苏定方为平壤道大总管，兵部尚书、同中书门下三品（宰相）、乐安县公任雅相为浿江道大总管"，统率大军及诸胡兵"水陆分道并进"，以讨伐高句丽。

苏定方统率的南路唐军一马当先，于八月十一日，在浿江（今朝鲜大同江）大破高句丽军，屡战皆捷，很快便兵临平壤城下。

然而，契苾何力等统率的北线唐军进展却相对缓慢。高句丽莫离支泉盖苏文一面坚守平壤，一面派其子泉男生率数万精兵守鸭绿水。北线唐军无法渡江。双方一直僵持到九月底。这时，天气开始寒冷，鸭绿江水结成坚冰。契苾何力这才统率人马踏冰而过，“鼓噪而进”。高句丽军大溃，唐军“追奔数十里，斩首三万级，余众悉降”，泉男生仅以身免。

本该是乘胜而进的机会，不知为何，朝廷却突然下诏，令契苾何力班师回朝。此后，形势便急转直下，对唐军极为不利。就在契苾何力回军后不久，漠北的九姓铁勒发生了反唐叛乱，回纥酋长比粟毒联合同罗、仆固等部进犯大唐边境。为了对付铁勒人，十月十日，高宗被迫下诏，调萧嗣业所部回国，征讨铁勒叛军。北线唐军全面收缩，只剩下南路的苏定方孤掌难鸣。高宗确定的南北两路唐军合击高句丽的部署落了空。

入冬后高句丽冰天雪地，气候及其他因素再次成为唐军进攻的羁绊。此前唐高宗让新罗王子金仁问回国“举兵相应”，同时敕令新罗共同向唐军输送军粮，但新罗军在翁山城（今韩国忠清南道境内）受阻，没有按期抵达高句丽进行军事支援。新罗军士不至，粮道不继，唐军开始出现粮草、冬衣的补给问题，进攻的最佳时机已不复存在。龙朔二年（公元 662 年）初，沃沮道总管、蛮酋庞孝泰率岭南兵战于蛇水之上，“贼知其懦，袭破之”，与其子十三人皆战死。同月，浿江道行军大总管任雅相在军中病逝。孤军围城的苏定方没有办法得到友军的协同作战援助，又正逢大雪，攻克平壤已不可能，遂解除包围，于二月班师回国。

高宗时期第一次对高句丽的大举征讨就此草草收场。

◆ 倭国介入百济战局

高句丽战事结束，则百济的二刘面临着被高句丽、百济夹击剿灭的危险，其势更危。

唐高宗并没有忘了他们，专程发来诏书：“平壤军回，一城不可独固，宜拔就新罗。若金法敏借卿留镇，宜且停彼；若其不须，即宜泛海还也。”意思是说：建议二刘率军撤退至新罗境内，如果金法敏需要他们留在那里，他们就留在那里；如果不需要，那就立即从海路回国。换言之，他同意二刘撤军，并将选择权完全交到了他们的手上。

但刘仁轨却做出了不同的选择。不管是撤往新罗，还是撤回国内，唐军一旦离开，则百济势必完全复国。之前所有的努力与成就都将前功尽弃。当时的情形，二刘手下的所有将士们都想回国。针对这种情况，刘仁轨开诚布公地对将士讲：“按照《春秋》的义理，大夫出征国外，只要是可以使朝廷安宁、国家有利的事，就得专心一意地去做。如今皇上准备消灭高句丽，首先消灭了百济，留下部队镇守，控制了它的要害。虽然叛贼强横，但它的兵卒劳役并不充足，我们应当磨好刀枪，喂饱战马，趁它没有准备，打它个措手不及，百战百胜万无一失。到了胜利无疑的时候，摆开决战阵势，驱马传递文书请求朝廷增派军队，声援接应，敌人就可消灭了。眼下平壤没有攻克，熊津又放弃了，那么百济死灰复燃，消灭高句丽就不知是哪年哪月了。我们虽然驻进了新罗国，但这正像客人一样，发生了不称心的事，后悔还来得及吗？百济的扶余丰对福信心怀猜忌，貌合神离，势必不会支撑多长时间。我们应当坚持守卫等它发生变故再去消灭他们，目前不能轻率行动。”

将士们都被他说服了，从此不提回国之事。

扶余丰、福信也觉得唐军势必归国，甚至还派人揶揄二刘说：“大使等何时西还？当遣相送。”刘仁轨却突然出手，打了扶余丰一个措手不及，连拔“支罗城及尹城、大山、沙井等栅”，“杀获甚众”。

高句丽唯恐鬼室福信兵败，使本国遭南北夹击，因而也遣使于三月赴倭国乞师，敦促倭军迅速开赴战场，与唐军作战。决心参战的倭国政府，遂命令百济战场的倭军立刻投入战斗。六月，倭国前将军上毛野稚子等率军二万七千人进攻新罗，夺取沙鼻岐、奴江二城，使新罗与唐军的联系通道受到威胁。

这时的战争形势已非常微妙，朝鲜半岛形成南北两个战场。在北方战场，高句丽与唐军基本形成了对峙的局面，由于地形限制的缘故，唐军的进展始终不大。而在南方战场由于倭军的介入，战争形势已经转向倭军和百济军方面了。唐军兵源在南方得不到补充，虽然唐军与新罗的联军的还未遭到败绩，但总体上已经开始居于守势。

七月初，刘仁轨终于取得了新的进展。他在派人侦察了百济军重镇真岘城（今韩国镇岑县）的详情后，趁着夜色，带领新罗人马“夜傅城下，攀草而上”。天亮时分，唐新联军攻入真岘城。至此，新罗支援唐军的运粮道就被打通了。唐高宗万万没想到，孤悬海外的唐军将士竟然会取得这样意外且重大的战果，龙颜大悦。他下诏，征发淄、青、莱、海之兵七千人，以孙仁师为统帅，渡海驰援二刘。刘仁愿、刘仁轨、孙仁师三人合兵一处，组成“三仁组合”，兵势大振。

但是不久，百济发生骤变，栋梁大将鬼室福信功高震主，不容于百济王扶余丰，以谋反之罪被杀，百济国人心思动，其战力受到极大的削弱。面对二刘的进逼，扶余丰再度向倭国求援。

此是百济的第三次内讧。

◆ 白江口之战：中日第一次正面对决

时间进入龙朔三年（公元 663 年）。八月初，倭国援军将至，扶余丰率部分军队自周留城赴白江口（今锦江口）迎接。白江口系熊津江的入海口之一。周留城则由百济和倭国联军守卫。

三仁组合兵分两路，陆军由刘仁愿、孙仁师以及新罗王金法敏统帅，直取周留城；海军由刘仁轨、杜爽、扶余隆率领，从熊津进入白江口，溯江而上夹击周留城。

八月十三日，刘仁愿所部进逼周留城周边。而百济则因鬼室福信之死，士气极其低落，尽管有倭军相助，但还是难以抵抗唐军的进攻。周留城周围的城池，逐一被唐军攻克，百济守军相续投降。但周留城外的任存城地势险要，为周留之扼口，将军克死用兵，唐军围攻一个月依旧不曾攻克，周留城因此得以保全。

在刘仁愿率军向周留城进军的同时，刘仁轨率唐和新罗海军一万五千余人驶向白江口，企图溯江北上进逼该城。当刘仁轨所率海军驶抵白江口时，与先期前来的倭国海军两万七千人相遇。“倭船千艘，停在白沙，百济精骑，岸上守船”。刘仁轨立刻下令布阵，170 艘战船按命令列出战斗队形，严阵以待。中国的先民唐人与日本的先民倭人即将爆发双方有史以来的第一次正面对抗。

八月二十七日上午，倭军战船首先开战，冲向唐军水阵。由于唐军船高舰坚利于防守，倭军船小不利于攻坚，双方战船一接触，倭军立刻处于劣势。倭军的指挥员慌忙下令战船撤回本队，其指挥互相计议说：“我等争先，彼当后退。”遂各领一队战船，争先恐后、毫无次序地冲向早已列成阵势的唐海军。倭军坐井观天，妄自尊大，竟然认为将智兵勇，唐军见之，必然自动退去，于是浩浩荡荡地闯进了唐军的埋伏圈。

刘仁轨见倭军军旅不整，蜂拥而至，便指挥船队变换阵形，分为左右两队，将倭军围在阵中。倭军被围，舰只相互碰撞无法回旋，士兵大乱。刘仁轨趁机实施火攻。倭军指挥朴市田来津虽然“仰天而誓，切齿而衅”，奋勇击杀数十唐军，直至战死，但亦无力挽回战局。片刻之间，倭军战败，落水而死者不计其数。《新唐书》记载：唐军与倭军海战，“四战皆克，焚四百船，海水为丹。”百济王扶余丰先在岸上守卫，见倭军失利，乘乱军之际，遂逃亡高句丽。

唐海军白江口大捷的消息传到周留城，九月七日，守城的百济王子忠胜、忠志等率守军投降。倭国陆军忙自周留城及其他地区撤离，于九月十九日撤回本国。中日先人之间的第一次正面较量以唐朝的完胜而宣告结束。中大兄皇子企图在朝鲜半岛南部恢复支配地位的希望化为泡影。此后，倭国停止了对朝鲜半岛的扩展，在此后的近一千年间未曾向朝鲜半岛用兵。

◆ 刘仁轨镇抚百济

此时，百济全土只剩下百济将领迟受信所据守的任存城（在百济西部任存山）尚未归降。白江口海战后，刘仁轨遣使招抚黑齿常之等人，黑齿常之遂率所部降唐。刘仁轨命黑齿常之等各率所部攻取任存城，并准备派唐军相助。孙仁师因黑齿常之等人曾经降而复叛，所以对他们非常不信任。他对刘仁轨说：“此属兽心，何可信也！”但刘仁轨却说：“吾观二人皆忠勇有谋，敦信重义；但者所托，未得其人，今正是其感激立效之时，不用疑也。”他果断地发给黑齿常之等粮食和武器，分兵相随。刘仁轨的信任和理解使黑齿常之非常感动，指挥所部很顺利地便攻下了任存城，迟受信抛弃家属，投奔高句丽。至此，百济全部平定。

从显庆五年（公元 660 年）八月开始对百济用兵，到龙朔三年（公元 663 年）八月，前后历时三年，彻底消灭了百济。中间，唐朝还和高句丽、倭国各打了一次大仗。除去唐朝本身强悍的军事实力外，百济的三次内讧也帮了唐朝的大忙。

高宗下诏，留刘仁轨率军镇守百济，召孙仁师、刘仁愿二人回国。

百济国两次遭受战乱，僵尸遍地如同丛生的草木，刘仁轨命令着手对死者进行掩埋祭奠，重新登记户籍，设置官署属吏，开辟道路，建设村庄，修复堤坝塘堰，救济贫困人家，鼓励农业生产，替他们建立土地神庙，百济的民众都安居下来，“阖境各安其业”。然后，刘仁轨又带领守军“修屯田，储糗粮，训士卒”，准备对高句丽用兵。

孙仁师、刘仁愿回国后，受到了高宗的召见。高宗问刘仁愿：“你本来是位武将，写来的军事奏表文书，都合乎礼仪格式，用什么办法达到这个水平的呢？”刘仁愿回答说：“都是仁轨的手笔，不是我能写出来的。”高宗听了，对刘仁轨大加赞赏。当朝宰相上官仪也感慨地说：“仁轨遭黜削而能尽忠，仁愿秉节制而能推贤，皆可谓君子矣。”高宗破格提拔刘仁轨，连升六级，正式任命他为带方州刺史，奖给他一处住宅，给他夫人孩子丰厚的赏赐，送去盖有御印的文书进行表彰。

在这之前，太宗贞观、高宗永徽年间，阵亡将士都诏令使者前去慰问祭奠，有的还把追认的官职爵位转授给他的后辈担任。显庆以后，奖赏出征将士的事差不多全没有了；到了打败百济国、攻下平壤城时，有功的人完全没有甄别任用。州县征募兵役，人们不愿当兵出征，身体健壮、家境富裕的人，用财物到官府打通关节，都可以逃避征调。招募到的人都愚弱贫困，没有战斗意志。麟德元年（公元 664 年）十月，刘仁轨全面论述了不计功行赏的弊病，要求朝廷对出征将士给予慰劳奖赏，以便鼓舞士气，还呈递奏表建议任用扶余隆，让他安抚百济的民众。唐高宗才任命扶余隆为熊津都督。

当时刘仁愿任卑列道总管，唐高宗诏令他率领部队渡过渤海，接替驻守百济，再和刘仁轨一起回国。刘仁轨说：“皇上巡视各地，还要筹划平定高丽。眼下正值农忙季节，如果官兵全被接替，新来的人不熟悉情况，万一这里发生变故，谁能保卫？不如留下原来的部队收割完毕之后，分批派他们回国。我应当留下，还不能离开。”刘仁愿不同意，说：“我只知道执行诏令。”刘仁轨说：“不对。如果对国家有利，知道该做就没有不做的，这是臣下应守的节操。”于是向朝廷陈述利害关系，请求留守百济。高宗诏令同意。

整个麟德朝的两年间，唐廷都在积极准备对高句丽的战事。麟德二年（公元 665 年）七月，高宗下诏，让熊精都尉扶余隆与新罗王金法敏“释去旧怨”。同年八月，百济、新罗、大唐三方又会盟于熊精城，对高句丽的南北大包抄已经形成。

3. 第二阶段——平高句丽

◆ 强人泉盖苏文谢幕

似乎是因为厌倦，此时上天也决意要抛弃高句丽了。乾封元年（公元666年）五月，高句丽一代强人、莫离支（相当于宰相）泉盖苏文因病去世。

泉盖苏文几乎就是朝鲜版的曹操，他的一生是极具争议的一生。泉盖苏文其实不姓泉，而是姓渊。因为中国史书要避唐高祖李渊的名讳，所以通常将他写作泉盖苏文。渊氏一族出身行伍，世为高句丽莫离支，权大势重，常常挟天子以令诸侯。据《旧唐书·高丽传》所载，泉盖苏文“须貌甚伟，形体魁杰，身佩五刀，左右莫敢仰视”。唐高祖武德元年（公元618年），高句丽荣留王登基后，意图除掉以泉盖苏文为首的一批权臣。泉盖苏文得知荣留王的计划后，假意邀请荣留王和他的大臣们视察他的军队，并设盛宴款待。在宴席上，他杀死了荣留王的百名大臣，后又闯入王宫杀死荣留王并分尸，而且没有给荣留王举行葬礼。之后，泉盖苏文自封为“大莫离支”，立荣留王的侄子高宝藏为王并摄政。宝藏王形同虚设，兵权国政皆由泉盖苏文独揽。

泉盖苏文在高句丽与唐的冲突中扮演着主要角色，也是战争的导火索。泉盖苏文摄政初期曾试图与唐谋好。他支持用道教取代佛教，并在贞观十七年（公元643年）派人到唐索要8部道经。一些历史学者认为泉盖苏文的这一做法是为准备日后与唐的战争拖延时间而假装安抚唐朝，因为泉盖苏文要吞并新罗的企图使唐与高句丽的冲突不可避免。

唐朝对于新任高句丽王仍按惯例予以册封。就在贞观十七年（公元643年），唐太宗遣使专程前往，册封高藏为上柱国、辽东郡王、高句丽王。同年，高句丽大举攻伐新罗国。太宗遣专使携诏书前往高句丽调解制止，遭到泉盖苏文的拒绝。唐太宗以泉盖苏文杀君欺臣，残虐民众，今又违诏，侵略邻国，不可不讨，遂引发唐征伐高句丽之战。贞观十八年（公元644年）十一月，唐太宗派水路五百船四万兵从莱州渡海攻平壤，陆路则发兵六万从东北趋辽东，他自己也于翌年亲率六军于前线督战。唐军攻下一直顶住了隋炀帝三次远征的重镇辽阳城，但却放弃了直捣平壤的计划，而是转向进攻辽阳城西南的军事重镇安市城。安市城城主杨万春成功阻击唐军两个多月。考虑到即将来临的寒冬，太宗急忙下令撤军。在归途中还是遭遇大风雪，死亡数千人，这次远征以失败告终。

此后，唐朝与高句丽之间频开战端。直到龙朔元年（公元 661 年），高宗发兵攻打高句丽，却再次在泉盖苏文的顽强抗击下无功而返。泉盖苏文就此成为挽救高句丽的一代名将。直到今日，他仍然被相当一部分朝鲜、韩国人视为民族英雄。尽管泉盖苏文多次以其非凡才能拯救了国家，但他的独裁统治方式以及不切实际的地区战略观也给高句丽留下了祸患。

伴随着泉盖苏文的去世，高句丽的丧钟也敲响了。

◆ 高句丽的内讧

屋漏偏逢连夜雨，船迟又遇打头风。泉盖苏文刚刚去世，高句丽便开始了内讧。

泉盖苏文共有三子，分别是长子泉男生、次子泉男建和三子泉男产。根据泉盖苏文的遗嘱，他死后，其莫离支之位由长子泉男生承袭。泉氏兄弟素来和睦。根据惯例，泉男生“初知国政”后，要立即“出巡诸城”。他很放心地委托两位兄弟“知留后事”。

不料，在他走后，有人却趁机对泉男建和泉男产说了这样一番话：“男生恶二弟之逼，意欲除之，不如先为计。”泉男建、泉男产听了，心中虽有疑虑，但并未听信。可是，不久后，又有人对在外的泉男生说“二弟恐兄还夺其权，欲拒兄不纳。”泉男生却相信了。他立即派亲信返回平壤，伺机对付二弟。如此一来，反倒弄巧成拙，泉男建、泉男产二人对先前的“谣言”信以为真。他们逮捕了大哥的亲信，并以高句丽王的名义召泉男生回城。泉男生不肯奉召，二人便发兵攻打他。泉男生无奈，只得率所部契丹、靺鞨军走保别城，并立即派儿子泉献诚上书唐廷，要求归降。

究竟是何人要离间泉氏兄弟？史书并未记载，可能有很多！但笔者窃以为，唐廷的嫌疑最大。泉家兄弟五月内讧，高宗六月即下诏，以右骁卫大将军契苾何力为辽东道安抚大使，以泉献诚为向导，发兵救援泉男生。反应速度如此之快，似是经过周密谋划，早已成竹在胸。为了确保万无一失，高宗又增加了庞同善、高侃两路人马，救援泉男生。九月，庞同善大破高句丽兵，成功与泉男生所部会师。高宗下诏，册封泉男生为特进、辽东大都督，加平壤道安抚大使，封玄菟郡公。

泉男生率领唐朝军队攻打高句丽，以期望能夺回大权。许多高句丽护城将领见到泉男生纷纷放弃抵抗。泉男生投靠唐朝成为唐与高句丽的战争的重要转折点。由于泉男生为唐朝提供了可靠的高句丽军事信息，唐朝于是大幅增加了攻打高句丽的兵力。

十二月十八日，高宗迫不及待地宣布了大举攻打高句丽的命令，以李勣为辽东道行军大总管兼安抚大使，以司列少常伯郝处俊副之，与契苾何力、庞同善率兵十五万兵力以击高句丽。诏独孤卿云由鸭渌道，郭待封由积利道，在百济故地驻守的刘仁愿由毕列道，新罗金仁问由海谷道，并为行军总管，与运粮使窦义积，皆受李勣节度。这一次，高宗是下了血本了，特意降旨："河北诸州租赋悉诣辽东给军用。"

唐朝与高句丽的最后对决就此进入了倒计时。

◆ 薛仁贵征东

乾封二年（公元 667 年），李勣率大军渡过辽水后，即对诸将说："新城（今辽宁抚顺市），高句丽西边要害，不先得之，余城未易取也。"于是，唐军直驱新城。在唐军强大的军事压力下，城中百姓师夫仇等缚城主开门出降。随后发生的事情充分地印证了李勣高超的战略眼光。新城的失守对于高句丽西线战线来讲是毁灭性的打击。李勣留契苾何力、庞同善、高侃、薛仁贵等人守卫新城，自己"引兵进击"，连下高句丽十六城。

新城丢失，泉男建心急如焚，他立即调集兵马，意图收复新城。然而，在这里，他碰到了一个人，这个人正是历史上大名鼎鼎的薛仁贵。

薛仁贵，名礼，字仁贵，汉族，山西绛州龙门修村人（今山西河津市修村人）。他出生于隋炀帝大业九年（公元 614 年），是南北朝时期名将薛安都的后代，属于河东薛氏家族。他的曾祖父薛荣官至北魏新野、武关二郡太守、都督，封澄城县公。祖父薛衍是北周的御伯中大夫。父亲薛轨是隋朝襄城郡赞治，但因病早逝，因此家道中落。薛仁贵少年时家境贫寒、地位卑微，以种田为业，娶妻柳氏。

唐太宗对高句丽用兵时，薛仁贵正准备迁葬先辈的坟墓，柳氏说："有出众的才干，要等到机遇才能发挥。如今皇帝御驾亲征辽东，招募骁勇的将领，这是难得的时机，您何不争取立功扬名？富贵之后回家，再迁葬也不算迟。"薛仁贵应允，于是去见将军张士贵应征。

贞观十九年（公元 645 年），唐太宗于洛阳出发出征高句丽。三月，在辽东安地战场上，唐朝将领刘君邛被敌军团团围困，无法脱身，无人能救，在此危难时刻，薛仁贵单枪匹马挺身而出，直取高句丽一将领人头，将头悬挂于马上，高句丽军观之胆寒，于是撤军，刘君邛被救。此役过后，薛仁贵名扬军中。四月，唐军前锋进抵高句丽，不断击败高句丽守军。六月，至安市，泉盖苏文遣将高延寿、高惠真率大军二十五万依山驻扎，抗拒唐军。唐太宗视察地形后，命诸将率军分头进击。此战，薛仁贵身着白衣，手持戟枪，腰挎双弓，单骑冲阵，唐军大举跟进，高句丽军大败。战后，唐太宗召见还只是小兵的薛仁贵，赐马二匹，绢四十匹，生口十人为奴，并提拔为游击将军、云泉府果毅。

后唐军被困在安市城，江夏王李道宗献策派兵偷袭平壤，以调虎离山之计将安市城的高句丽军引向平壤一线，以攻取安市城。因为唐太宗在军中，长孙无忌极力劝阻，恐唐太宗安危，不敢偷袭平壤，未成。加之李勣大放厥词，破城之日，屠杀城内军民百姓，以至于守城将士更加齐心合力，此后久攻不克，后值冬天大雪，粮草不济，遂撤退。途中，李世民对薛仁贵说了这样的一番话："朕旧的将领都老了，不能承受战地指挥的繁重工作，每次都想提拔骁勇雄健的将领，没有比得上你的，我不高兴于得到辽东，我高兴得到你啊。"并提拔薛仁贵为右领军中郎将，镇守玄武门。

太宗死，高宗立。永徽五年（公元 654 年）闰五月初三夜，天降大雨，山洪暴发，大水冲至玄武门，守卫将士尽皆逃散。薛仁贵愤怒说："哪里有天子情况紧急，立即就怕死逃跑的？"然后，他冒死登门框向皇宫大呼，警示内宫。唐高宗因此得以避过灾难，并感激地对薛仁贵说："幸亏是你啊，才避免被淹没，我才知道有忠臣啊。"

但此时的薛仁贵官职还很低，高宗有意让他多立军功，好进一步提拔使用，因此多次安排他上前线。显庆三年（公元 658 年），薛仁贵跟随程名振征讨高句丽，于贵端水大破高句丽军。第二年，他又和梁建方、契必何力等与高句丽大将温沙门战于横山。当时，薛仁贵手持弓箭，一马当先，冲入敌阵，所射者无不应弦倒地。接着，又与高句丽军战于石城，遇善射敌将，杀唐军十余人，无人敢当。薛仁贵见状大怒，单骑突入，直取敌将。那个敌将慑于薛仁贵勇武，来不及放箭，即被薛仁贵生擒。十二月，薛仁贵又与辛文陵在黑山击败契丹，擒契丹王阿卜固以下将士，战后他因功拜左武卫将军，封河东县男。

龙朔元年（公元661年），高宗再度对高句丽用兵，薛仁贵并未参加此役。因为，就在这一年，九姓铁勒反唐。薛仁贵被高宗放到了对铁勒的前线上，郑仁泰是主将，他是副将。大军开拔前，高宗特在内殿赐宴。席间，他对薛仁贵说："古代有善于射箭的人，能穿透七层铠甲，你射五层看看。"薛仁贵应命，置甲取弓箭射去，只听弓弦响过，箭已穿五甲而过。高宗大吃一惊，当即命人取坚甲赏赐薛仁贵。

郑仁泰、薛仁贵率军赴天山后，九姓铁勒拥众十余万相拒，并令骁勇骑士数十人前来挑战。薛仁贵临阵发三箭射死三人，其余骑士慑于薛仁贵神威，都下马请降。薛仁贵乘势挥军掩杀，九姓铁勒大败，所降全部坑杀。接着，薛仁贵又越过碛北追击败众，擒其首领兄弟三人。薛仁贵收兵后，军中传唱说："将军三箭定天山，壮士长歌入汉关。"从此，九姓铁勒衰败，不再为边患。

对于薛仁贵的勇猛，高宗是非常认可的，但对于薛仁贵的帅才，高宗觉得还需要进一步培养历练。因此，此次征讨高句丽，他仍未让薛仁贵独当一面，而是安排其在李勣手下做事。

泉男生发兵猛攻新城的庞同善、高侃所部。薛仁贵得到消息后，率军及时赶到，击斩敌首数百级，击退了高句丽军，解救了庞同善。庞同善、高侃随即进军金山（在今辽宁昌图西），与高句丽军交战不利。高句丽军乘胜追击。薛仁贵引兵从侧面袭击高句丽军，将其截为两段，斩首五万余级，并乘胜攻占高句丽南苏（在今辽宁抚顺东苏子河与浑河交流处）、木底（今辽宁新宾西木奇镇）、苍岩（今吉林集安西境）三城，与泉男生军会师。鉴于他的勇猛表现，高宗亲自写信给勉励他说："金山的战事，贼兵非常多，你冲在士兵前面，奋力杀敌，不顾自己的性命，左冲右击，所向无前，各部军队非常的有勇气，才使得这次战役很快就取得了胜利。应该好好地建功立业，成全这美名啊！"

◆ 李勣攻灭高句丽

按照事先的部署，水军由郭待封统率，直扑平壤。郭待封所部因为要乘船突击，所以携带的粮草并不多，登岸后不久即面临着粮草断绝的危险。

对此情形，李勣是早已预知的，并已做出妥善安排，安排部将冯师本由国内走水路运送粮草给郭待封的人马。然而，冯师本的船队普遍破旧，行驶速度十分有限，因此未能在约定时间前送达至郭待封的军营。郭待封左等不来，右等不来，心急如焚，只得作书一封给李勣。因为担心信件落到高句丽人的手中，郭待封就写了一首离合诗。

离合诗，又称离合藏头诗或称借字联边，是古文杂体诗的一种。其最主要的特点是取句尾末字的字体一部分来作为下句诗文的字首，而整诗的最后一个字的字体部分，亦作为该诗之字首。现有文献中，首见及最常见的离合藏头诗为白居易所著作之《游紫霄宫》：水洗尘埃道未尝，甘于名利两相忘，心怀六洞丹霞客，口诵三清紫府章，十里采莲歌达旦，一轮明月桂飘香，日高公子还相觅，见得山中好酒浆。其中，首句首字“水”，来自该诗诗末最尾字浆之“水”部首，首句末字“尝”字体之“甘”拆字部分，亦成为第二句句首，余亦类推之。

郭待封写给李勣的离合诗其内容已不可考，但形式如上，内容无非就是请李勣速速发来粮草。只可惜，李勣出身行伍，文化水平不高，不仅未能看懂他的离合诗，反而非常生气：“军事方急，何以诗为？必斩之！”好在他的行军管记、通事舍人元万顷看懂了，并向李勣做了详细的解释。李勣恍然大悟，另派人运送粮草给郭待封，解了郭待封的燃眉之急。

应该说，元万顷此人还是比较聪明的。只是聪明人偶尔也会办糊涂事儿。元万顷负责起草《檄高丽文》，内中偏偏写了一句“不知守鸭绿之险”。泉男建听说后，立即移兵据鸭绿江，并专程派人到唐军大营“致谢”：“谨闻命矣！”高宗勃然大怒，将元万顷流放至岭南。

时间进入总章元年（公元668年），二月，薛仁贵向李勣提出率领三千人攻打要塞扶余城（今吉林四平西）。诸将都觉得兵力太少，劝李勣不要听薛仁贵的。但薛仁贵却说“兵不必多，顾用之何如耳。”李勣经过深思熟虑，同意了薛仁贵的建议。薛仁贵率三千人马与高句丽军血战，大破之，杀获万余人，遂拔扶余城。扶余城一下，四十余座高句丽城池都向唐军投降。

随行军中的侍御史贾言忠返回国内述职。高宗“问以军事”。贾言忠毫不犹豫地说：“高丽必平。”高宗很好奇，就问他：“卿何以知之？”贾言忠解释说：“隋炀帝东征而不克者，人心离怨故也；先帝东征而不克者，高句丽未有衅也。今高藏微弱，权臣擅命，盖苏文死，男建兄弟内相攻夺，男生倾心内附，为我乡导，彼之情伪，靡不知之。以陛下明圣，国家富强，将士尽力，以乘高句丽之乱，其势必克，不俟再举矣。且高句丽连年饥馑，妖异屡降，人心危骇，其亡可翘足待也。”高宗又问他：“辽东诸将孰贤？”贾言忠实事求是：“薛仁贵勇冠三军；庞同善虽不善斗，而持军严整；高侃勤俭自处，忠果有谋；契苾何力沉毅能断，虽颇忌前，而有统御之才；然夙夜小心，忘身忧国，皆莫及李勣也。”高宗听了，“深然其言”。

扶余城丢失后，泉男建立即调集五万人马，企图收复该城。李勣与高句丽军大战于薛贺水（又称萨贺水，即今辽宁丹东西南赵家沟河）。唐军大胜，斩俘三万余人，并乘胜攻占了鸭绿江边要塞——大行城（今辽宁丹东西南娘娘城）。

李勣攻陷大行城后，各路唐军陆续抵达鸭绿江边。高句丽发兵拒战。李勣指挥唐军大破高句丽，追奔二百余里，拔辱夷城（今朝鲜永柔郡）。“诸城遁逃及降者相继。”

唐军一路所向披靡，直抵平壤城下。唐军将平壤城围得水泄不通。进入九月，高句丽方面实在坚持不下去了。高句丽王高藏背着泉男建，偷偷命泉男产率首领九十八人，持白幡出降。但泉男建仍然闭门拒守，不肯投降。这时，他的重要谋士、僧人信诚背叛了他，做了唐军的内应。五天后，信诚打开城门，唐军攻入平壤。泉男建自杀未遂，被生擒。

与此同时，在南线，新罗军队也击败了泉盖苏文的弟弟泉净土。泉净土无奈，只得向新罗投降。就这样，高句丽由于内部纷争、长年饥荒和唐与新罗的南北联合攻击，最终灭亡。

十月，李勣率大军回到国内。遵照高宗的诏令，李勣将高句丽王高藏、百济王扶余丰等“献于昭陵（太宗陵寝）”，然后，“具军容，奏凯歌，入京师”，又“献于太庙”。

十二月，高宗亲自在含元殿受俘，除对李勣等人进行封赏外，还对被俘的高句丽领导层进行了处置：高藏虽名为王，实属傀儡，政非己出，所以受到了特赦，并被封为司平太常伯、员外同正；主动降唐的泉男生被封为右卫大将军，泉男产为司宰少卿，僧人信诚为银青光禄大夫；被俘的高句丽泉男建和百济扶余丰，一个被流放到了今日的贵州，一个被流放到了今日的福建。

征服百济后，为了实施有效管理，唐廷设置了熊精都督府。现在，征服高句丽后，照葫芦画瓢，将高句丽五大部落、一百七十六城、六十九万余户划分为九个都督府、四十二个州和一百个县，“擢其酋帅有功者为都督、刺史、县令，与华人参理”，统一受新置于平壤安东都护府节制。安东都护府首任检校（代理）都护为薛仁贵，“总兵二万人以镇抚之”。熊精都督府和安东都护府的设置，使唐廷得以对高句丽、百济故土实施有效的行政管理。换而言之，高句丽、百济已不复为国，而是被纳入了唐朝的版图。

高句丽、百济亡国，放眼整个东北亚，似乎再无人敢于唐廷为敌了。但“似乎再无”并非“绝对再无”。很快，新的敌人便冒了出来。这个敌人并非倭国，而是半岛三国中的最后一国、唐朝的盟友——新罗。

4. 第三阶段——征讨新罗

◆ 唐罗联盟的破裂

当年，唐廷设置熊精都督府时，新罗便已暗怀不满。此时，唐廷又设置了安东都护府。这下，新罗就再也沉不住气了。新罗人素来精明，他们原以为唐廷在消灭高句丽和百济之后，就会撤军回国。这样，他们就可以趁机填补这一地区的权力真空，并吞高句丽、百济二国故土，扩张自己的版图。但没想到，唐廷非但没有撤军，而且还加强了对这一地区的行政管理，显然是要将高句丽、百济二国的领土纳入大唐版图。之前，新罗和大唐的领土并不接壤，之所以要和唐廷联合，说白了就是远交近攻。可现在，唐朝灭掉了百济和高句丽，直接推进到了新罗的家门口。谁能保证唐朝的下一个目标不是新罗呢？因此，安东都护府刚一设立，新罗方面便就此事向唐廷提出了严正交涉，希望唐廷撤销安东都护府，但却遭到了高宗的断然拒绝。

恰在这时，一件事情的发生促成了唐罗联盟的破裂。

咸亨元年（公元 670 年）四月，高句丽故地风云再起。

高句丽酋长剑牟岑决心抵抗唐朝在高句丽的统治。他杀死了唐廷派驻在他的部落里的官员和部分亲唐势力，随后躲入新罗国境。在避难的途中，剑牟岑偶然碰到了前高句丽王高藏的外孙、泉盖苏文之弟泉净土的儿子泉安舜。他立即带着安舜返回高句丽，并于载宁郡拥立安舜为高句丽王，竖起了反唐的大旗。不甘忍受唐朝统治的高句丽人纷纷团结在了这面旗帜下。

随后，剑牟岑遣使到新罗，要求新罗王金法敏承认安舜政权的合法性。金法敏居然毫不犹豫地答应了，不仅承认安舜为高句丽王，而且还提出了联盟反唐的建议。在册文中，金法敏称赞安舜“流离辛苦，迹同晋文；更兴亡国，事等卫侯”，希望“永为邻国，事同昆弟”。安舜随即复书表示：“愿作藩屏，永世尽忠”。

高宗大怒，立即下诏，以左监门大将军高侃为东州道行军总管，发兵征讨安舜小朝廷。安舜朝廷虽然撑着高句丽的皮，但实力已大不如前，面对唐军的猛攻一败再败。危局之下，安舜与剑牟岑发生冲突。结果，剑牟岑被杀，安舜率残部逃奔新罗，受到了金法敏的接纳。金法敏在今韩国益山市建立了高句丽遗民的报德国，以安舜为王。此事发生后，高宗对新罗再无幻想。唐朝与新罗的联盟正式破裂。

与此同时，新罗开始攻打唐廷在百济的驻军。咸亨二年（公元 671 年），新罗拿下在百济国都泗沘，推翻了熊津都督府，建立所夫里州。

不曾想，这一次，新罗人异常勇猛。

安舜逃离后，高句丽故土的反唐势力并未偃旗息鼓，仍在顽强的抗击着唐军。高侃先后于咸亨二年（公元 671 年）七月在安市城，咸亨三年（公元 672 年）十二月于白水山（即泉山）击败高句丽反抗军。咸亨四年（公元 673 年）闰五月，靺鞨族出身的燕山道总管、右领军大将军李谨行又在瓠芦河之西大破高句丽叛者，俘获数千人。经此两战，高句丽的反唐势力几乎被消灭殆尽。唐廷彻彻底底地控制了高句丽。

此时，新罗也已经控制了原百济国的绝大部分领土。唐朝与新罗的正面军事冲突已无可避免。

◆ 唐朝与新罗的战事

上元元年（公元 674 年），高宗下诏，以左庶子、同中书门下三品刘仁轨为鸡林道大总管，卫尉卿李弼、右领军大将军李谨行副之，发兵讨新罗。高宗还削去了赐给金法敏的官爵，将在唐为质的其弟金仁问立为新罗王，让刘仁轨护送其回国。

新罗王金法敏过高地估计了己方的实力，过低地估计了唐军的实力。上元二年（公元 675 年）二月，刘仁轨挥军渡瓠卢河（在今韩国庆州西），先后于阿达城、七重城（今韩国金城北）之战大败新罗军。同时，他又令新归附的靺鞨人渡海攻略新罗南部。新罗人受两面夹击，被唐军“斩获甚众”。

上元二年（公元 675 年）九月，刘仁轨引兵回国。高宗又以李谨行为安东镇抚大使，继续对新罗用兵。李谨行接连攻克新罗石岘城、赤木城、买肖城（今韩国仁川附近），三战皆捷。

经过多年的战争，新罗已经比较疲惫了。在刘仁轨主力回国的情况下，新罗以全国之力，仍不能彻底击退李谨行和薛仁贵的留守唐军。金法敏可能已经意识到通过战争无法使唐军退出朝鲜半岛，因此，在买肖城之战后，派出使者，向唐朝进贡并且谢罪。

而唐朝也意识到，用偏师经略的办法是不能制服新罗的，而唐朝当时的战略重心已经转移到了西线，吐蕃成为其主要对手，刘仁轨、薛仁贵、李谨行等东征主帅全部调到西部防备吐蕃。唐朝很难再派出主力大军东讨新罗。因此，面对新罗的谢罪请求，唐朝自然也乐于接受。据《资治通鉴》记载："新罗乃遣使入贡，且谢罪，上赦之，复新罗王法敏官爵。金仁问中道而还，改封临海郡公。"唐朝承认了新罗"多取百济故地，遂抵高句丽南境为州郡"的事实。高宗皇帝以这种方式，宣告了战争的结束，重新接纳新罗为大唐的藩属国。

至此，唐与新罗大规模的战争结束了，但是，武装冲突并未就此终结。仪凤元年（公元 676 年），薛仁贵领兵渡过黄海支援熊津都督府，与新罗在所夫里州伎伐浦交锋，唐军先胜后败，被新罗斩首四千余级。

此时，唐朝在于西边强敌吐蕃的斗争中完全处于下风，无力大规模征讨新罗。面对新罗的逐步蚕食，高宗被迫于二月，将安东都护府后移到了"辽东故城"，"有华人任安东官者，悉罢之"，同时将徙熊精都督府后移于建安故城（今辽宁营口）。仪凤元年（公元 676 年），他试图通过将原高句丽王高藏、原百济王扶余隆遣回故土的方式来加强唐廷对二国的控制。但高藏回到故土后不久，就联合靺鞨和残部，打算叛唐。于是，高宗就将他召回，并将他流放到了邛州（今四川省邛崃东南）。而扶余隆被新罗人吓破了胆，很快就逃回了唐朝。

仪凤三年（公元 678 年）九月，高宗还想对新罗用兵。但是侍中张文瓘却劝诫他说："今吐蕃为寇，方发兵西讨；新罗虽云不顺，未尝犯边，若又东征，臣恐公私不堪其弊。"高宗于是放弃了这次军事行动。此后，唐廷再未对新罗用兵。

弘道元年（公元 683 年），继金法敏之后的新罗王金政明"征报德王安舜为苏判，赐姓金氏，留京都，赐甲第良田"，高句丽遗民的报德国就此灭亡。两年后，新罗完全控制了百济故土，并占据了原高句丽在大同江以南的全部领土，统一了大同江以南全部地区，"始备九州"，就此进入统一新罗阶段。

唐廷虽然失去了在大同江以南夺得的土地，但还是控制了大同江以北的现我国东北地区，也不能说是毫无所得。为了实现对这一地区的长久控制，唐廷早在总章元年（公元668年），就逼迫聚居在此的靺鞨人迁徙到了辽西营州。粟末靺鞨的酋长乞乞仲象带着族人在营州生活了近三十年，并生下了儿子大祚荣。后来，大祚荣趁着唐廷与契丹斗争的机会，率众返回松花江流域，建立了渤海国，统治领土在极盛时包括今嫩江—松花江河道一线以南的黑龙江省部分地区、吉林省大部、辽宁省、滨海边疆区的南半部以及朝鲜半岛北部。唐廷再度失去了对东北地区的控制。当然，这一切已经超出了本书的范围。

唐廷之所以未能消灭新罗，既非高宗之决心不够大，亦非唐之军实力不够强，实在是因为受到了另一个远比新罗要强大得多的敌人牵制。这个强敌就是崛起中的吐蕃。在帝国的东线，唐廷屡屡得手，铁骑纵横东北亚；但在西线，唐廷却一败再败，真是东边日出西边雨……

第七章

东边日出西边雨

——唐与吐蕃王朝的战事

大唐近三百年间，遇到的强敌极多，但无论是前期的东突厥、高句丽，还是后期的回纥，都无法与吐蕃一论长短。在唐帝国的诸多强敌中，唯一一个从崛起到衰落，始终都在压着唐王朝的劲敌就是吐蕃。吐蕃与唐廷结盟，始于太宗时期；吐蕃与唐廷为敌，则始于高宗时期。骄傲进取的唐王朝赢了对高句丽的东线战争，却在对西线吐蕃的战争中一败再败……

1. 不打不相识

◆ 吐蕃简史

吐蕃人是今藏族的先民。

据元末明初萨迦派僧人萨迦·索南坚赞[⑨]所撰写的《王统世系明

⑨ 索南坚赞，生于公元1312年，藏历第五饶迴水鼠年，元仁宗皇庆元年，卒于公元1375年，藏历第六饶迴木兔年，明太祖洪武八年。他是萨迦四大拉章之一的仁钦岗拉章的继承人，曾兼任萨迦大寺的座主，政治、宗教两方面的地位均很高。他又富有才学，受到大家的敬重，一般尊称他为“喇嘛当巴”意为贤德大师。他曾从大名鼎鼎的布敦大师学法，又作过宗喀巴的上师，因此名声更加远扬了。

鉴》[10]所载，吐蕃民族是猕猴与岩魔女结合的产物。今西藏山南地区的首府泽当，传说即是猕猴及其子女玩耍的场所。泽当附近的山上，至今还有“猴子洞”的古迹。这种“猕猴变人”的传说当然不足信。据考古学的成果显示，至迟距今4000年以前，距奴隶制的吐蕃王朝建立约2700年以前，藏族的先民就已经生活在现今西藏地区，并创造出了极富特色的文化。

我国史学界普遍认为，现今西藏山南地区的雅砻河[11]流域是吐蕃民族的发祥地。雅砻河流域气候温暖，雨量充沛，自然环境很适宜于人类生息繁衍。最初，居住在这里的部落被称作鹘提悉勃野部，或悉勃野部，又称雅砻部。

雅砻部的第一位领袖是聂赤赞普。传说中聂赤赞普本是天神的儿子，后降临人间，到了山南境内羌脱神山，被十二个放牧者看见了。这个小伙子的言语举止与本地土著不同。放牧的人们辨别不了到底是怎么一回事，应该如何处置这个年青人，便派人回聚居点报告。长者派出十二个颇为聪明的巫师教徒上山，盘问小伙子从哪里为，这个小伙子用手指指天。这伙人自以为小伙子是从天上来的，是“天神之子”，格外高兴。十二人中为首的便伸长脖子，给这位“天神之子”当轿骑，前呼后拥地把他抬下山来。聚居在这里的人们纷纷前来，见这个从天上来的小伙子，长得聪明英俊，便公推他为部落首领。这是公元前237年（即耶稣基督诞生之年）的事。人们尊称他为“聂赤赞普”，也就是“用脖子当宝座的英杰”。在藏语中，“聂”是“脖”的意思，“赤”是宝座，“赞普”是“英武之主”。自此，历史上把藏王称为赞普。

传说当然只是传说，不过，聂赤赞普却是实实在在的历史人物。根据

---

⑩ 《王统世系明鉴》，又名《西藏王统记》。在《王统世系明鉴》之前的两部史书《布顿佛教史》和《红史》，都是以佛教经典教义为中心讲述西藏的历史，故而许多内容语焉不详。当时的西藏学者认为不涉及佛教的历史没有存在价值，故而许多史书失传了。索南坚赞致力于整理各种文献，并搜集民间传说，编成了此书。其中，索南坚赞参照了由绛季敦巴喜饶邦编写的专门介绍吐蕃历史的重要史书《王统如意树史》。在《王统如意树史》失传之后，《王统世系明鉴》长期成为藏学界研究吐蕃历史的最重要文献之一，直到敦煌莫高窟发现《吐蕃大事纪年》《吐蕃赞普传记》等藏文历史文献为止。

此书共分为三十三章，第一章至第六章讲述释迦牟尼佛祖的诞生及佛教在西藏之外的传播历史；第七章至第三十三章讲述了西藏自藏族出现以来至雍登、沃松、亚泽、亚隆觉阿等王统并立时期的历史。

⑪ 雅砻河藏语意为“从上游下来的大河”，发源于雅拉香波山，山上终年冰雪覆顶，云雾缭绕。雅砻河逶迤北行80公里，在泽当镇西边注入雅鲁藏布江，全长仅68公里，海拔3500米，但是在藏族历史上极为有名。

《雍布拉康志》《迪乌宗教源流》等藏文史籍的记载：聂赤赞普出生在西藏波密，因相貌古怪、性格刚烈，被家庭放逐，当他游历到雅砻河谷时，结识了12名代表当地各部落利益的苯教[12]徒，并被推举为王。随后，聂赤赞普将周围小邦收归为属民，划分尊卑，宣扬苯教。从那时开始，藏族冲破以血缘结成的氏族障碍，开始以地域来划分属民。

聂赤赞普连同其后的六位赞普，被称为“天赤七王”。传说天赤七王都是天界的神仙，等到他们死亡时也会登上天界。《王统世系明鉴》载：“天神之身不存遗骸，像彩虹一样消逝”。彩虹就是登天光绳，山体就是天梯。天赤七王之后的止贡赞普，在一次决斗中，由于疏忽而斩断了他与天界联系的登天光绳，从此就留在了人间。止贡赞普时期，大权旁落于权臣。十年后他的次子布岱贡杰即位。此时，雅砻部的社会经济有了很大的发展。止贡赞普和布岱贡杰被称作“上丁二王”。

此后，吐蕃王统世系又有“中累六王”、“地带八王”、“下赞三王”的记载，史实都少于“上丁二王”。“下赞三王”下传为拉托托日宁协（《新唐书》作佗土度）。拉托托日宁协后三传为达日聂赛（《新唐书》作讵素若）。达日聂赛又传囊日论赞（《新唐书》作论赞索）。当达日聂赛父子在位时，雅砻部的经济有了进一步的发展，出现了度量衡和杂交牲畜犏牛和骡，畜牧业已实行储草过冬。此时，雅砻部以武力兼并邻部，将势力扩展到拉萨河流域，囊日论赞亲自向作战有功的臣下封赐了土地和奴隶。这是古藏文史籍中关于“奴隶”一词的最早记载，时是公元6世纪。

在雅砻部兴起的同一时期，其邻近地区还有被称作“十二小邦”的地方势力，它们在现今西藏的藏北、工布（今林芝地区一带）、塔布（今山南地区东部）及雅鲁藏布江中游的拉萨河、年楚河流域等地，各据一方，分散发展，其社会发展阶段，也与雅砻部相近，彼此之间语言相通，且有比较密切的交往。随着雅砻部实力的发展壮大，它们与雅砻部的关系，或联盟，或对峙，或先盟而后叛，情况各异，直到囊日论赞力挫群雄，雅砻部才取得独占的优势地位。囊日论赞时，雅砻部的实力已自雅砻河流域扩展到拉萨河上游（今墨竹工卡一带）。当雅砻部兼并邻近诸部、北迁拉萨河流域时，表明吐蕃王朝的雏形已经确立。

---

⑫ 苯教发源于中亚的古象雄“冈底斯山”和“玛旁雍错湖”一带，是象雄王子幸饶弥沃如来佛祖所传教的如来正法，也被称为西藏最古老的象雄佛法。

但是，此时新建立的奴隶制吐蕃政权还很脆弱。囊日论赞对新征服或新归附地区的贵族，加以封赐和笼络，他敢于起用出身“卑微”的新贵族，或授予军权，麾师平叛，或委以重任，官居卿相，因而招致了旧贵族的极大不满。随后，囊日论赞自己的庶民心怀怨恨，王妃所属的庶民则是公开发动叛乱，外戚如香雄、苏毗、塔布、工布、娘布等部，也都相继叛离，囊日论赞内外交困，最后被人毒死。在此危急存亡的关键时刻，囊日论赞之子弃宗弄赞登上了历史的舞台。

这个弃宗弄赞就是历史上著名的松赞干布。

◆ 松赞干布

隋文帝义宁元年（公元 617 年），弃宗弄赞诞生于甲玛赤康的强巴敏久林宫（现位于拉萨市墨竹工卡县甲玛乡）。松赞干布是后人为他加上的尊号，松赞是名字，干布则是尊号，其意为“深沉莫测”。

弃宗弄赞三岁时，其父率兵灭掉了苏毗部落，统一了西藏高原，由一个山南地方的小邦首领一跃成为吐蕃各部的君主。在这样的一个家庭里，囊日论赞对这个独生子的培养和教育极为关怀，弃宗弄赞从小受到了良好的家庭教育和严格的训练，逐渐成为精通骑射、角力、击剑、且武艺出众，又爱好民歌、善于吟诗的文武全才的王子。

唐太宗贞观三年（公元 629 年），当弃宗弄赞届满十三岁的时候，统一的吐蕃王朝遭到沉重的打击，国王囊日论赞被人毒死。与此同时，父王诸臣和母后诸族一起举兵叛变，工布、达波、娘波等地尽为叛乱者所据。不仅如此，西部的羊同部落乘势入侵，雅鲁藏布江北的苏毗旧贵族也图谋“复国”，这些势力纷纷向吐蕃进兵发难。弃宗弄赞在内忧外患下，即位为吐蕃第三十三代赞普。他依靠新兴势力，征集了万余人，组成了一支精锐的队伍，并经过三年征战，平定了内部叛乱，稳定了局势，再次恢复了吐蕃的统一。

贞观六年（公元 632 年），弃宗弄赞率部众渡过雅鲁藏布江，把都城由泽当迁到逻些（今拉萨），从而摆脱了吐蕃旧贵族的羁绊。迁都逻些后，吐蕃政治中心和军事中心归一，对弃宗弄赞发展专制王权和巩固奴隶制度有重大意义。此外，从地理位置和自然条件相比较，逻些也是建基立业之地。此地气候宜人，景色幽美，物产丰富，中心地势平坦开阔，四周群山环抱，远处山岭峡谷险要，进可攻，退可守。

弃宗弄赞奉行积极的对外扩张政策。他首先把进攻目标放在苏毗、羊同两个王国。苏毗，本西羌族，户两万，地处吐蕃北部，散居在今青海玉树等处，区域辽阔，农牧兼营，盛产良马。弃宗弄赞乃启用名将尚囊，采用“种羊领群之法，以舌剑唇枪服之”。羊同，又称羌塘，位吐蕃西部，“东西千里，胜兵八九万，辫发毡裘，畜牧为业”，且盛产与吐蕃民众生活息息相关的食盐。故弃宗弄赞亲领兵丁反复征讨，终于灭其部众。弃宗弄赞灭掉这两个王国后，不仅消除了来自西、北部方向的威胁，而且有利于吐蕃兵员、军粮和马匹的补充，使之得到了一支战斗力很强的军队，为吐蕃王国的发展强大奠定了坚实的基础。

此后，富于政治远见的弃宗弄赞一面积极主动地派遣使者赴邻国尼婆罗（今尼泊尔），互相进行贸易，推销手工艺品并聘请工匠及艺人传授建筑、绘画、雕刻技艺；一方面谋求与中原勃兴的唐王朝取得联系。

◆ 武力逼婚

当时，唐朝在太宗李世民的统治下，出现了“贞观之治”的治世。

弃宗弄赞对于强盛文明的大唐深远的仰慕之情。初步统一的两年后，即贞观八年（公元 634 年），他主动派出使者赴长安，觐见唐太宗。唐太宗对吐蕃的首次通使十分重视，随后便派使臣冯德遐持书信出使吐蕃，致意还礼。

彼时，位处吐蕃与大唐之间的吐谷浑[13]频繁入寇唐廷，激起了太宗的强烈

---

⑬ 吐谷浑，是中国西北古代民族名，原为人名，是辽东鲜卑慕容氏单于慕容涉归之庶长子，慕容涉归分户 700 使别部以牧。公元 4 世纪初，慕容涉归死，其嫡子慕容廆继为单于，与慕容吐谷浑不和，吐谷浑遂率所部西迁上陇，止于侣罕，以此为据点，子孙相承，侵逼氐羌，成为强部。吐谷浑死，长子吐延继位。昂城（今阿坝）羌酋姜聪刺吐延，伤致命，死时嘱咐其子叶延迅速保卫白兰（今青海巴隆河流域布兰山一带）以巩固其统治。叶延在沙州（今青海省贵南县穆克滩一带）建立慕克川总部，设置司马、长史等官。以祖父吐谷浑为其族名，从此，吐谷浑由人名转为姓氏和族名。叶延传子辟奚，辟奚传子视连，通聘于西秦，被封为白兰王。视连传弟视罴，西秦封他为沙州牧、白兰王。视罴传弟乌纥提，曾败于西秦，求保持于南凉。乌纥提传位于视罴之子树洛干，势力复振，率部落数千家奔慕贺川，自称大单于、吐谷浑王。曾败于西秦，被西秦封为平狄将军、赤水都护。自吐谷浑至树洛干，经 6 世 8 传，其中多具才略，且留心吸收士人、司马、博士等官，均用儒生。而其时正当 16 国割据混乱，

不满。冯德遐远赴吐蕃后不久，吐谷浑即大举进犯凉州。太宗决定反击，遂于同年十二月任命名帅李勣为西海道行军大总管，指挥大军，进攻吐谷浑。贞观九年（公元635年），唐军大败吐谷浑，其可汗伏允兵败，奔走至鄯善，自杀。从此吐谷浑分成东西二部：西部吐谷浑由伏允子达延芒结波率领，居鄯善，后来降伏吐蕃；东部吐谷浑由伏允长子慕容顺率领，居伏俟城，唐朝封其为西平郡王。不久，慕容顺死，子诺曷钵继位，唐朝封为河源郡王，号乌地也拔勒豆可汗。

此时，冯德遐一行抵达了吐蕃。吐谷浑既与大唐为敌，又与吐蕃作对。对于唐廷击败吐谷浑的举动，弃宗弄赞十分欢迎。因此，他盛情接待了冯德遐。从冯德遐的口中，弃宗弄赞获知，东突厥和吐谷浑可汗都曾娶了隋朝公主，便生出了迎娶大唐公主的心思。冯德遐回朝时，弃宗弄赞也派遣使者随行，“多赍金宝，奉表求婚”。

吐蕃请婚使团于贞观十年（公元636年）抵达长安，向太宗提出和亲的请求。起初，唐太宗是同意这桩亲事的。但恰值吐谷浑可汗诺曷钵入朝，诺曷钵当然不会为自己的敌人说好话，在他的劝说下，太宗最终拒绝了弃宗弄赞的和亲请求。使团回国后，将事情的详细经过原原本本地告诉了弃宗弄赞。弃宗弄赞听说此事流产，勃然大怒，一面发兵攻打吐谷浑诺曷钵，一面决心以武力逼唐廷和亲。

贞观十二年（公元638年），他亲自指挥二十万大军，陈兵唐廷在西南的重镇——松州（今四川阿坝藏族羌族自治州）城西，“遣使贡金帛，云来迎公主”，态度十分强硬。其实，吐蕃内部就是否对强大的唐朝用兵一事意见不一。有相当一部分大臣并不赞同与大唐为敌，但弃宗弄赞固执不听，“其大臣谏不听而自缢者凡八辈”。

（接上页）吐谷浑部得据甘、青间，实控东至洮河、龙固（今四川省松潘），西达赤水、白兰，北界黄河，南至大积石山。北邻南凉，东为西秦。公元420年左右，树洛干传弟阿才，兼并氐羌数千里，居浇河（青海省贵德县），处诸羌中，号为强部。曾登上西倾山，寻找江源，以求至长江下游的通路，派使至建康，通贡于刘宋，被刘宋封为沙州刺史、浇河公。阿才传弟慕璝，宋封为陇西公、陇西王。慕璝曾擒获与北魏为敌的赫连定，送至北魏，魏封慕璝为西秦王，占有金城、陇西等郡。慕璝传弟慕利延。这时吐谷浑土地广袤，除总部在沙州外，还有4座大城，分别在清水川、赤水、浇河、吐屈真川等地。慕利延传位于树洛干子拾寅，始邑于伏罗川，总部西移。拾寅受宋封为河南王，又受魏封为西平王。拾寅传子度易侯。度易侯传子伏连筹。伏连筹传子夸吕，居伏俟城，始称可汗。

性格强硬的李世民当然不会吃他的这一套。八月，他以吏部尚书侯君集为当弥道行军总管，右领军大将军执失思力为白兰道行军总管，左武卫将军牛进达为阔水道行军总管，左领军将军刘简为洮河道行军总管，五万大军，兵分四路，迎战吐蕃。九月，唐军先锋牛进达所部到达松州，“掩其不备”，立即对吐蕃军发动了攻击。吐蕃军大败，被“斩首千余级”。这下，弃宗弄赞总算见识了唐廷真正的实力，心中大惧，一面引兵撤出唐境，一面“遣使谢罪”。不过，他依旧十分执着地提出和亲。

松州之战也让唐太宗看到了吐蕃的实力。这个能一次性动员二十万雄兵的番邦，由不得他不重视。因此，他一改初衷，答应了弃宗弄赞的请求。

2. 短暂的和平

◆ 禄东赞请婚

弃宗弄赞对唐蕃和亲一事极为重视。贞观十四年（公元640年），他钦点得力干臣、大论（即宰相）禄东赞率一个庞大的使团赴长安请婚。

禄东赞，吐蕃名为噶尔·东赞。此人出生于吐蕃的堆垅让巴（今西藏自治区山南地区隆子县列麦乡），为人“性明毅严重，讲兵训师，雅有节制”，“吐蕃之并诸羌，雄霸本土，多其谋也”，具有杰出的政治、外交、军事才能，深得弃宗弄赞的信任。

贞观十四年（公元640年）十月，禄东赞一行抵达长安。他向唐太宗献上“金五千两及珍玩数百”，正式提出和亲。时任刑部侍郎的著名画家阎立本画下了禄东赞觐见唐太宗的情景。这幅画就是大名鼎鼎的《步辇图》。

太宗舍不得将自己的亲女儿嫁出，便在宗室女眷中进行挑选，最终选中了堂兄江夏王李道宗的女儿（名已佚），封其为文成公主，下嫁吐蕃。

根据藏族传说，吐蕃并非当时唯一向唐廷请婚的国家，此外还有格萨（指党项）、大食（指波斯）、天竺（今印度）、白达霍尔（指突厥）等国的使臣。这使得唐太宗十分为难，最终决定出六道难题考验使臣的智慧，将文成公主嫁给胜出者所属的国家。

第一试：丝绸穿孔。唐太宗取出一块翠玉，其中有一个十分曲折的孔，要求众使臣将一束丝绸穿过这个孔。四国使臣皆不能穿过，唯禄东赞为人机智灵敏，事先捉了一只蚂蚁，用牛乳把它喂得如拇指般大小；待穿孔之时，将丝绸的一端拴在蚂蚁身上，置之于孔前，用力一吹，蚂蚁带着丝绸从孔中爬过，顺利完成了任务。

第二试：吃羊鞣革。唐太宗给每个使团五百只羊、一百坛酒，要求一天之内将羊全部吃完并将羊皮鞣成皮革。禄东赞令每名随从各杀羊一只，将皮剥下，加盐调和，排队传递羊肉吃下，同时喝酒。吃完羊肉后，禄东赞下令从队首依次传递羊皮搓揉，到了队末之人便可以涂油了。最终只有吐蕃使团完成了任务。

第三试：为马、鸡辨认母子关系。唐太宗令人将母马一百匹和小马一百匹混杂在一起，要求使臣辨认它们之间的母子关系。禄东赞在前一天晚上将小马和母马分别拴在不同的地方，只给小马吃草不给它们饮水。次日将小马放入母马群里，小马各寻其母吸食其乳，因此得以辨识。唐太宗又让使臣辨认鸡的母子关系。禄东赞将母鸡和小鸡都放入一个大的鸡槽之中，在母鸡脖子下跳动觅食的即为其子。

第四试：辨认树木的根与梢。唐太宗给了使臣一百条松木，要求他们辨认根和梢。禄东赞命人将松木投入河中，下沉的一端便是根，上浮的一段便是梢。

第五试：辨认路径。唐太宗在夜间召见各国使臣入宫听戏，听戏结束后，唐太宗要求使臣都按原路返回馆驿。由于宫中路径复杂，其他四位使臣都迷路了。只有禄东赞由于在入宫之时，于所经过的每个宫门旁都用蓝靛和朱砂作了记号，顺利地返回了馆驿。

第六试：辨认公主。唐太宗下令给各国使臣三天期限，三天之后到城东郊集合，在三百名美女中辨认出文成公主。禄东赞事先探听得知馆驿的主妇曾与文成公主相善，向她询问了文成公主的相貌特征，最终认出了文成公主。

由于禄东赞顺利通过了唐太宗的六次难题的测试，被唐朝人称赞为“六试婚使”、“六难婚使”。

“六试婚使”一事当属虚构，但唐太宗对禄东赞十分欣赏确实是真的。禄东赞的机敏和沉稳给唐太宗留下了极为深刻的印象。他觉得此人能力非凡，便加以笼络，不仅册封禄东赞为右卫大将军，还主动提出将姐姐琅邪公主的外孙女儿段氏嫁给禄东赞为妻。但老谋深算的禄东赞却推辞说：“臣国中自有妇，父母所聘，不可弃也。且赞普未得谒公主，陪臣何敢先娶！”此事只得作罢。

此时的唐太宗恐怕无论如何都不会想到，正是这个禄东赞在不久的将来会给他的后代子孙带来巨大的祸患。

是年冬，唐太宗派江夏王李道宗护送文成公主，随同禄东赞，向吐蕃进发。

◆ 文成公主入藏

送亲队伍之所以选在隆冬季节出发，是考虑到沿途要经过几条湍急的河流，隆冬季节河水平缓，便于送亲队伍通过。

据《吐蕃王朝世袭明鉴》等书记载，文成公主进藏时，队伍非常庞大，陪嫁十分丰厚，有“释迦佛像，珍宝，金玉书橱，三百六十卷经典，各种金玉饰物”，又有多种烹饪食物，各种花纹图案的锦缎垫被，卜筮经典三百种，识别善恶的明鉴，营造与工技著作六十种，一百种治病药方，医学论著四种，诊断法五种，医疗器械六种，此外各种谷物和芜菁种子等。组成成员除文成公主陪嫁的侍婢外，还有一批文士、乐师和农技人员，几乎就是一个“文化访问团”。

贞观十五年（公元 641 年）春，文成公主一行抵达黄河河源附近的柏海（扎陵海）。这里水草茂盛，牛羊成群，一改沿途风沙迷茫的荒凉景象，让人精神为之一振。送亲队伍在这里作了数日的短暂休整。这时，弃宗弄赞亲自率领大队迎亲人马赶到了河源。弃宗弄赞见到江夏郡李道宗纳头便拜，“尽子婿礼”。

送亲和迎亲的队伍前呼后拥、威风八面地进入了逻些城。在李道宗的主持下，弃宗弄赞与文成公主按照汉族的礼节，举行了盛大的婚礼。全逻些城的民众都为他们的赞普和夫人歌舞庆贺。弃宗弄赞乐不可支地对部属说：“我族我父，从未有通婚上国的先例，我今天得到了大唐的公主为妻，实为有幸，我要为公主修筑一座华丽的宫殿，以留示后代。”

不久后，弃宗弄赞特别在红山之上修建了共一千间宫殿的三座九层楼宇。这座宫殿就是今日著名的布达拉宫的前身。据史料记载，红山内外围城三重，松赞干布和文成公主宫殿之间有一道银铜合制的桥相连。布达拉宫东门外有松赞干布的跑马场。为了与文成公主有更多的共同语言，弃宗弄赞脱下他穿惯了的皮裘，换上文成公主亲手为他缝制的丝质唐装，还努力地向文成公主学说汉语。一对异族夫妻，感情融洽，互爱互敬，开始了他们新的生活。

按照传统习惯，吐蕃人每天要用赭色制土涂敷面颊，说是能驱邪避魔，虽说样子十分难看又不舒服，但因是传统习俗，谁也没有提出异议，大多数吐蕃人只是照章行事。文成公主到吐蕃后，仔细了解和揣摩了这种习惯，认为这样做毫无道理，又有碍卫生，实在是一项鄙俗的陋习，因此她婉转地向弃宗弄赞提出了自己的看法。弃宗弄赞听了觉得她的话很有道理，立即下令废除这项习俗，最开始一些念旧的吐蕃人很不习惯，但慢慢地都觉得保持自己的本来面目，既方便又好看，大家也就都乐意接受了，他们甚至还十分感激文成公主为他们破除了陈规。

为了进一步接受大唐文化的熏陶，不久后，弃宗弄赞就派贵族子弟到长安求学，学习《诗》《书》等华夏文化经典。

此后一直到唐太宗去世时，大唐与吐蕃都维持着极为友好的关系。贞观十九年（公元 645 年），唐太宗自高句丽班师回朝。弃宗弄赞专门派禄东赞到长安致贺，并饶有深意地送上了一只高七尺、内装烈酒三斛的大金鹅。禄东赞对太宗说："陛下平定四方，日月所照，并臣治之。高丽恃远，弗率于礼，天子自将度辽，隳城陷阵，指日凯旋，虽雁飞于天，无是之速。夫鹅犹雁也，臣谨冶黄金为鹅以献。"唐太宗十分高兴。两年后（公元 647 年），唐军攻打龟兹国时，唐太宗征用了吐蕃军队帮忙。贞观二十二年（公元 648 年），唐朝使臣王玄策被困在政治动荡的中天竺，向吐蕃和尼婆罗求援。贞观二十三年（公元 649 年），吐蕃和尼婆罗均派出军队助战。王玄策带着联军战胜了中天竺军队，生擒其国王阿罗那顺。

就在王玄策大破中天竺后不久，一代明君唐太宗便因病去世了，高宗随后即位。

◆ 短暂同盟的破裂

高宗刚一即位，弃宗弄赞就对这位大舅哥表示衷心拥护和热烈支持，他特意致书于唐廷顾命元老长孙无忌，称："天子初即位，臣下有不忠者，当勒兵赴国讨除之。"他的迅速表态让高宗十分感动，他下诏加封弃宗弄赞为驸马都尉，西海郡王。

唐蕃双方臣民均深信不疑，两国关系的明天必定是和睦而灿烂的。然而，谁都没有想到，这良好的关系竟然随着弃宗弄赞的突然去世而急转直下。

就在受封为西海郡王后不到半年，永徽元年（公元 650 年）五月，弃宗弄赞突然去世，年仅三十三岁。其死因众说纷纭：一说是由于尼婆罗尺尊公主感染瘟疫后传染给了弃宗弄赞，不久弃宗弄赞便在彭域的色莫岗（位于今西藏自治区林周县彭波农场附近）逝世；另一说弃宗弄赞是被仇视佛教的苯教教徒暗杀而死的。吐蕃以极为隆重的葬礼，在琼结的吐蕃历代赞普王陵之间为松赞干布建起了一座很高大的坟墓，称之为“木日木波”。由于其子共日共赞早逝，遂由其孙芒松芒赞嗣位。芒松芒赞年幼，吐蕃大权旁落于大论禄东赞。

禄东赞其人几乎完全就是高句丽泉盖苏文的吐蕃翻版。此人野心勃勃，迷信武力，奉行积极扩张的对外政策。彼时，吐蕃向西的扩张已经完成，再扩张，要么向东、向南入寇大唐，要么向北取吐谷浑而进入西域。禄东赞决心向吐蕃的世仇、此时已是唐廷属国的吐谷浑下手。

经过六年的准备，显庆元年（公元 656 年），他亲率十二万大军讨伐吐谷浑的盟国白兰国，大破白兰军，并将白兰国变成了吐蕃的属国。当时，唐廷正在东北亚对高句丽用兵，对这件事情并未予以足够重视，也未采取任何行动。

为了防止唐廷出兵支援吐谷浑，禄东赞竭力与唐廷保持友好关系。显庆三年（公元 658 年），禄东赞遣使为赞普向唐廷请婚。但高宗对吐蕃的举动此时已有所察觉，断然予以拒绝。此外，唐高宗其人，最反感以女人换和平，无论对方是敌是友。所以，我们看到，终高宗之世（近三十四年），唐廷没有出嫁一位和亲公主。唐廷对此事并未看重，只做一般处理。但在禄东赞看来，吐蕃与唐廷的冲突已不可避免。

显庆四年（公元 659 年），吐谷浑大臣素和贵叛逃吐蕃，将吐谷浑的虚实全部告诉了禄东赞。翌年，趁着唐军主力正在全力对付百济的机会，禄东赞率军大举进攻吐谷浑。此时的吐谷浑只剩下一个空壳子了，根本挡不住吐蕃人的进攻，节节败退。狡猾的禄东赞还在政治上放起了迷雾弹，他派人出使唐廷，污蔑吐谷浑率先挑起战端。双方使者在高宗面前争论不休。吐谷浑方面要求唐廷出兵援助。吐蕃方面也要求唐廷出兵援助。高宗不明真相，加上当时和百济的战争正打得热火朝天，所以“皆不许”。

禄东赞窃喜，又得寸进尺地将触手伸向了西域。彼时，唐廷已经在西域的龟兹、焉耆、疏勒、于阗四镇设立了安西都护府，并从丝绸之路的贸易中收获匪浅。吐蕃对此垂涎久矣。龙朔二年（公元 662 年），也就是苏定方从高句丽撤军的那一年，禄东赞发兵击降了克什米尔地区的大勃律国，并煽动疏勒、龟兹和西突厥的弓月部反叛唐朝，以牵制唐朝的军队。受诏征讨龟兹的唐风海道总管苏海政发现自己面对的敌人除了龟兹人和西突厥人外，竟然还有吐蕃人，大惊失色。吐蕃是大唐的盟友，苏海政拿捏不准，不敢轻起战端，便“以军资赂吐蕃，约和而还。”随后，吐蕃成功地在西域设立了自己的据点，并控制了丝绸之路要道——瓦罕走廊[14]。

龙朔三年（公元 663 年），正是唐朝与百济和倭国的斗争进入白热化阶段之时，吐谷浑可汗诺曷钵实在挡不住吐蕃人的进攻，被迫出奔唐朝避难。吐蕃完全占领了吐谷浑之地，并建立起了亲吐蕃的傀儡政权。吐谷浑完全变成了吐蕃的属国。而禄东赞则成了吐谷浑的“太上皇”。

事到如今，已由不得唐高宗不出手了。

3. 血染的刀锋

◆ 吐蕃的蚕食

但彼时的国际局势，决定了唐廷只能被动防守。一来，在东北方向上，唐廷主力正与高句丽、百济、倭国三方交锋；二来，在帝国北疆，铁勒诸部的叛乱也牵制了不少唐军。高宗无力对吐蕃发动大规模的进攻，只能采取守势。

五月，高宗以凉州都督郑仁泰为青海道行军大总管，率右武卫将军独狐卿云、辛文陵等分屯凉（今甘肃武威一带）、鄯（今青海乐都一带）二州，以防备吐蕃由吐谷浑入寇。六月二十六日，又任命刚从高句丽前线返回国内不满一年的老帅苏定方为安集大使，“节度诸军”，以定吐蕃、吐谷浑。此时，苏定方已经七十二岁了。年逾古稀的他在西北边陲啸啸马鸣、瑟瑟寒风中，度过了戎马生涯的最后时刻。四年后的乾封二年（公元 667 年），这位老将军去世。

---

⑭ 瓦罕走廊北依帕米尔高原南缘与塔吉克斯坦相邻，南傍兴都库什山脉东段与巴基斯坦及巴控克什米尔相接，西起阿姆河上游的喷赤河及其支流帕米尔河，东接中国新疆维吾尔自治区塔什库尔干塔吉克自治县。

唐廷的大举备战让禄东赞不敢轻举妄动。他派遣使者论仲琮入见，“表陈吐谷浑之罪，且请和亲”。吐蕃的扩张已经触碰到了大唐的利益底线，高宗当然不肯答应，还派左卫郎将刘文祥出使吐蕃，“降玺书责让之”。

禄东赞根本不把唐廷的指责放在心上，继续在西域地区搞小动作。他指使疏勒和弓月部引吐蕃军围攻于阗。唐安西都护高贤率军支援，吐蕃军无功而返。麟德二年（公元 665 年）正月，禄东赞遣使入见，“请复与吐谷浑和亲，仍求赤水地畜牧”，再度被高宗断然拒绝。恼羞成怒的禄东赞于三月派军再攻于阗，被唐西州都督崔知辩、左武卫将军曹继叔发兵击退。

此时，唐与高句丽的最后决战已进入倒计时阶段。对于吐蕃，高宗只能隐忍不发。乾封二年（公元 667 年），唐军主力大举进攻高句丽。吐蕃再度趁火打劫，攻破了生羌十二州。

同年，禄东赞病死于吐谷浑。禄东赞共有子五人，长子早亡，其余四子依次为钦陵、赞婆、悉多、子勃论。四兄弟长期领兵在外，“皆有才略”。禄东赞死后，“钦陵代之秉政，三弟将兵居外，邻国畏之”。钦陵自摄政后，总揽大权，对内将吐蕃王朝的政治组织进一步整顿完善，对外则进行武力扩张，兼并诸部，抗衡唐朝，使吐蕃国势力迅速发展壮大。

总章元年（公元 668 年），高句丽败亡。终于腾出手来的唐高宗迫不及待地对吐蕃人展开了报复。翌年九月，他下诏将吐谷浑部落迁徙到凉州南山。但有大臣认为，如果不击败吐蕃人，吐谷浑人在凉州也待不住了，建议先对吐蕃用兵。右相阎立本上书，指出“去岁饥歉，未可兴师”。唐廷围绕是否对吐蕃用兵的问题争论不休，吐谷浑部落最终还是没有迁徙。

唐廷在争论，吐蕃人却在行动。咸亨元年（公元 670 年）春，吐蕃人“陷西域十八州”，控制了塔里木盆地，于阗投降。四月，吐蕃人联合于阗攻陷龟兹的拔换城（今新疆阿克苏）。唐廷被迫撤销安西四镇。帝国通往中亚的交通被吐蕃人完全切断。

这下，高宗再也坐不住了。唐朝与吐蕃之间的全面战争进入倒计时。

◆ 大非川之战

就在吐蕃于阗联军攻陷拔换城的当月，高宗做出了大举进攻吐蕃的决定。此时，苏定方已于乾封二年（公元 667 年）去世，李勣也于去年底逝世。

因此，高宗大胆启用右卫大将军薛仁贵，以其为逻些道（即拉萨）行军大总管，以左卫员外大将军阿史那道真、左卫将军郭待封为辅，兴兵五万“以讨吐蕃，且援送吐谷浑还故地”。

从薛仁贵的受封的官职就可以看出，唐高宗决心直捣逻些，彻底消灭吐蕃这个强敌。为此，他下了一盘很大很大的棋。高宗断定，吐蕃大举入侵西域，其国内必定空虚。西域的关键是吐谷浑，只要薛仁贵拿下了吐谷浑，便可切断吐蕃与安西四镇的联系，进可直捣逻些，退可与安西唐军夺回四镇。之前，高宗已经派大将阿史那忠进兵收复于阗了，在薛仁贵进军吐谷浑的同时，他又下诏以降唐的西突厥首领阿史那都支为左骁卫大将军兼匐延都督，其用意在于牵制吐蕃在西域的军队。可见，唐高宗想毕其功于一役，一战而收西域、灭吐蕃。

薛仁贵在军中作战多年，拥有丰富的统兵经验，但担任全军主帅，这还是头一次。他深知吐蕃兵多将广，战力强悍，己方唯有速战速决，方能取胜。因此，他率兵昼夜兼程，取道鄯州（今青海乐都），抵达吐谷浑要塞——大非川（今青海共和县西南切吉草原）。薛仁贵的下一个目标是乌海（今喀拉湖）城，但“乌海险远，军行甚难，辎重自随，难以趋利”，因此他留副将郭待封率两万后军于易守难攻的大非岭上购置工事。薛仁贵的计划是，将大军的粮草辎重统统放在大非岭的工事里，待他率主力夺取乌海城后，郭待封留下少量部队守卫大非岭，随后跟进，两路人马合军一处，“倍道兼行，掩其未备，破之必矣”。在临行之前，他反复叮嘱郭待封要按计划行事。随后，薛仁贵率前军于河口（今青海玛多）击败吐蕃军先锋部队，占领了乌海城，只待郭待封所部随后跟进了。

但郭待封乃太宗时名将郭孝恪之子，出身豪门，对出身贫寒的薛仁贵十分看不起。他偏不用薛仁贵之策，非要带着粮草辎重跟进。结果，吐蕃军统帅钦陵一下子就抓住了这个战机。他亲率二十万大军于半道猛攻行动迟缓的郭部，唐军因寡不敌众而被击溃，郭孝恪狼狈逃回大非川，“悉弃辎重”。薛仁贵接报大惊，不敢再进，迅速回撤大非川，等待国内的后援。

但内地到大非川路途遥远，援军短时期内根本无法抵达。而钦陵经过近四个月的准备，倾吐蕃全国之力，集结起四十万大军，猛攻大非川。一战下来，唐军几乎全军覆没。这是唐朝自开国以来，对外战争中损失最惨重的一次失败。薛仁贵叹息说：“今年是庚午年，降娄星当值，不应该到西方打仗，当年魏国的邓艾因此死在蜀国，我本来就知道必然失败。”需要指出的是，钦陵虽然以四十万大军攻击不到五万的唐军，但本身的损失也很惨重。因此，当薛仁贵与郭待封提出媾和的时候，钦陵一口应允。薛仁贵率残部回国。

大非川之败，让高宗既震惊又愤怒，三人还未到京，他便派大司宪乐彦玮赴军中，将薛仁贵、郭待封、阿史那道真三人“械送京师”。其实，大非川之败实在于郭待封的违命，薛仁贵与阿史那道真充其量只有次要责任，但盛怒的高宗将三人全部“免死除名”。

战后不久，吐蕃完全控制了吐谷浑的全部领土，一跃而成为与唐廷分庭抗礼的强国。高宗的大战略也流了产，无奈之下，一面将安西都护府后移至西州（今新疆吐鲁番），一面将兵力收缩至河源（位于今青海省东北部）一线。

不过，因为受损严重，吐蕃也暂时停止了扩张，努力休养生息。咸亨三年（公元 672 年）四月，钦陵派大臣论仲琮入朝。高宗对于大非川之败仍耿耿于怀，厉声指责吐蕃灭吐谷浑、败薛仁贵之事。论仲琮却说：“吐蕃地薄气寒，风俗朴鲁；然法令严整，上下一心，议事常自下而起，因人所利而行之，斯所以能持久也……臣受命贡献而已，军旅之事，非所闻也。”事实确实如此，高宗也无可奈何。上元二年（公元 675 年），钦陵还派人赴长安讲和，但为高宗所拒绝。仪凤元年（公元 676 年）闰三月，吐蕃以入寇鄯、廓、河、芳等州，作为报复。但唐廷不仅守御有方，而且还于这一年重新夺回了安西四镇。但第二年，吐蕃便再次占领了安西四镇。

此时，唐廷的主要精力放在了对付高句丽人的抵抗以及新罗人的背叛上。待东北亚问题得到彻底解决之后，高宗便再次打算大举进攻吐蕃。仪凤二年（公元 677 年）十二月，他命刘仁轨镇守洮河，择期统率大军进攻吐蕃。

◆ 青海之战

此时的刘仁轨已经是高宗跟前的大红人了。因为提升的速度过快，刘仁轨在朝中也树敌不少，其中以李敬玄为最。

李敬玄[15]，亳州谯人，文化水平极高，博览群书，尤善五礼。高宗还是太子的时候，听说他的才学，就将他召入崇贤馆，兼预侍读。高宗登基后，李

⑮ 李敬玄的曾孙就是唐代大诗人李绅。

敬玄历迁西台舍人、弘文馆学士、兼检校司列少常伯、中书侍郎、太子右庶子、同中书门下三品，监修国史，后进吏部尚书。仪凤元年（公元676年），他又拜中书令，封赵国公。李敬玄和刘仁轨不和。所以，每当刘仁轨从洮河发来奏请的时候，他就想尽各种办法加以阻挠、否定。

刘仁轨对他颇为怨恨，便想出了借刀杀人之计。他深知李敬玄并非帅才，故意向高宗上奏说："西边镇守，非敬玄莫可。"

李敬玄对自己的能力还是很清楚的，因此百般推辞。但高宗却对刘仁轨的话信以为真，反而对李敬玄说："仁轨须朕，朕亦自往，卿安得辞！"李敬玄无奈，只得接受。

仪凤三年（公元678年）正月，高宗下诏，以李敬玄取代刘仁轨，担任洮河道大总管兼安抚大使，统率大军进攻吐蕃。高宗一心想消灭吐蕃，不仅"命益州大都督府长史李孝逸发剑南、山南兵以赴之"，而且还"遣左金吾将军曹怀舜等分往河南、北募猛士，不问布衣及仕宦"，组建了一支十八万人的庞大军队。这在唐代用兵史上是不多见的。

随后，李敬玄率十八万人上路。吐蕃方面，还是钦陵督兵，严阵以待。

刚开始的时候，唐军的进展还是比较顺利的。七月，李敬玄甚至还在龙支打败了吐蕃军队。唐将张虔勖一日连取两阵，吐蕃军迅速退却。等到了九月，李敬玄才知道，吐蕃军队先前的失败是为了诱敌深入，但一切为时已晚。

唐军先锋刘审礼屯兵于濛所。钦陵出其不意地以主力猛攻刘审礼所部。刘审礼所部人少，岌岌可危。身为主帅的李敬玄为吐蕃军队的气势所震慑，竟然不敢派兵援助刘审礼，而是按兵不动，以图自保。结果，刘审礼寡不敌众，为吐蕃所生擒。刘审礼当时的官职是工部尚书，他被擒后，成为唐吐开战以来，被俘级别最高的唐朝官员。一同被擒的还有他的副总管王孝杰。

刘审礼部被围歼后，李敬玄彻底乱了阵脚，立即率部逃至承风岭（今青海西宁西南千户庄），利用泥沟掩护固守。钦陵指挥吐蕃军占据周遭制高点。李敬玄无计可施。

关键时刻，一个人站了出来，挽救了唐军。这个人就是刘仁轨当年在百济发掘的人才黑齿常之。百济被彻底平定后，黑齿常之即被调回国内，任左领军员外将军、洋州（今陕西西乡）刺史。此次对吐蕃用兵，黑齿常之随军出征，官拜左领军员外将军。见主帅李敬玄无计可施，黑齿常之果断决策，大胆出击。他亲率五百名敢死之士，趁着夜色，偷袭吐蕃军队大营。吐蕃将军跋地设没料到唐军敢出击，顿时大乱，还以为唐军后援到了，便率军后撤。

李敬玄这才有机会带着大军撤回鄯州（今青海乐都）。高宗对黑齿常之颇为赞赏，提拔他为河源军副使。

此时的唐军已是兵无斗志，如果吐蕃再次发兵攻打，唐军会有全军覆没的危险。危急时刻，又有一个人站了出来，挽救了危局。此人名叫娄师德。

娄师德，字宗仁，郑州原武（今河南原阳县师寨镇安庄村）人。娄师德自幼才思敏捷，弱冠便以进士及第授江都（今江苏扬州）县尉。娄师德的才能很快便使扬州（治江都县，今江苏扬州市）长史卢承业感到惊异。为此，卢承业对他说："吾子台辅之器，当以子孙相托，岂可以官属常礼待也。"上元初年，娄师德又累补监察御史。仪凤二年（公元 677 年），高宗鉴于来自吐蕃的威胁，颁发《举猛士诏》，在全国范围内招募勇士，以便进行军事反攻。娄师德虽身为文臣，却也应召入伍。唐高宗对娄师德的行为大为赞赏。

娄师德收集残军，唐军方得以重振士气。不久后，高宗派他与吐蕃媾和。娄师德与钦陵二弟赞婆于赤岭（今青海日月山）谈判。他"宣导上意，谕以祸福"，赞婆既佩服又高兴，"为之数年不犯边"。

王孝杰被擒后，不久即被放归。原来，王孝杰其人长得和吐蕃前赞普芒松芒赞极为相似，新赞普杜松芒波杰初见王孝杰便潸然泪下："貌类吾父。"王孝杰在吐蕃受到了很高的待遇。不久之后，杜松芒波杰就将他放回唐廷。而刘审礼却一直未能释放。他的儿子们可急坏了，一起"自缚诣阙"，面见高宗，要求赴吐蕃赎回父亲。高宗甚为感动，就让刘审礼的次子刘易从赴吐蕃赎父。当刘易从不远千里赶到吐蕃时，等待他的却是一个噩耗：刘审礼已经病死了。刘易从悲痛万分，"昼夜号哭不绝声"，连吐蕃人听了都甚为感动。吐蕃人将刘审礼的尸体交给了刘易从。刘易从硬是徒步将父亲的尸体从青藏高原背回了长安。这在当时被传为美谈。

◆ 转攻为守

其实，吐蕃之所以没有再继续用兵，一个很重要的原因是国内政局不稳。

其实，吐蕃赞普芒松芒赞早在仪凤元年（公元 676 年）便去世了，其子杜松芒波杰（《资治通鉴》称之为器弩悉弄）袭位。杜松芒波杰年幼，象雄贵族热叶辛库布里布、觉仁祖果趁机叛乱。为了掩饰内部动乱，杜松芒波杰的母亲赤马类封锁了芒松芒赞逝世的消息长达三年之久。直到青海之战的第二年，也就是调露元年（公元679年），在完全解除了来自内部和外部的祸患之后才遣使通告唐朝，并公开祭祀芒松芒赞的遗体。

高宗收到消息，立即命人向西域进军，一举征服了吐蕃在西域的重要盟友西突厥。吐蕃随即于永隆元年（公元680年）七月，攻打河源。时任河源军副使的黑齿常之率军迎击，将吐蕃军击退。战后，高宗擢升黑齿常之为河源军经略大使，并赏物四百匹。黑齿常之认为河源地区为唐蕃力争冲要之地，但地处边远，运输不畅，遂于该地置烽燧七十所，开屯田五千余顷，每年收粮达五百余万石，由是军粮充足，有力地保障了唐军的供给。在黑齿常之不懈的努力下，唐的河源防线更为牢固，成为抗御吐蕃的中坚力量。

吐蕃见河源防线牢不可破，被迫将主攻方向改为西域和剑南两个方向。而西域方向又因安西都护王方翼经营有方，也使吐蕃无计可施，只好改向剑南（今四川成都）方向发展。不久，吐蕃就在生羌的导引下，攻占了茂州的安戎城（今四川汶川西南），留兵据守，“由是西洱诸蛮皆降于吐蕃”。吐蕃尽据羊同、党项及诸羌之地，东接凉、松、茂、嶲等州，南邻天竺，西陷龟兹、疏勒等四镇，北抵突厥，地方万余里，史称“诸胡之盛，莫与为比”。

不过，就战略层面而言，自青海之战后，唐廷已经转攻为守了。

剑南之战进行时，李敬玄仍在鄯州，他多次向高宗上书，“称疾请还”。高宗就答应了。然而，等李敬玄回到长安后，高宗发现他根本没有病，大怒之下，新账旧账一起算，于八月将李敬玄贬衡州刺史。

两个月后，吐蕃传来了文成公主的死讯。永隆元年（公元680年），文成公主逝世，吐蕃王朝为她举行隆重的葬礼，高宗也遣使臣赴吐蕃吊祭。吐蕃人到处为她立庙设祠，以志纪念。一些随她前来的文士工匠也一直受到丰厚的礼遇，他们死后，也纷纷陪葬在文成公主墓的两侧。至今，拉萨仍保存着吐蕃人为纪念她而造的塑像，距今已一千三百多年历史。但总的来说，文成公主对吐蕃的影响仅限于经济和文化上，在政治上其对吐蕃的政策根本无法施加任何的影响。

经过青海之战，唐在河陇一带采取守势，屯田备边。吐蕃驻防河源前线的赞婆不甘心为黑齿常之所制，也率所部三万人在良非川（今青海共和西南）屯田。这引起了唐廷的极大关注，唐高宗决意再次对吐蕃用兵。开耀元年（公元681年）五月二十一日，河源军经略大使黑齿常之奉命出击。此次出击的目的一是破坏赞婆的屯田，二是牵制吐蕃在剑南的军事力量。黑齿常之奉命出击。黑齿常之率精骑万余乘夜突袭吐蕃兵营，唐军大获全胜，斩首两千余级，缴获羊、马数万，赞婆等单骑而逃。随即黑齿常之将吐蕃粮仓等尽数烧毁，引军回撤。黑齿常之在河源待了七年，“吐蕃深畏之，不敢犯边”。

不久后，吐蕃又来提亲，点名道姓要娶高宗和武皇后的爱女太平公主。高宗还是不愿意，特意为公主修建了一座太平道观，以公主出家为由拒绝了婚事。钦陵颇为不满，于永淳元年（公元682年）七月，入寇柘、松、翼等州，同年冬又入寇河源军。娄师德率军与钦陵战于白水涧（今青海湟源南），八战八捷。高宗大为振奋，擢升娄师德为比部员外郎、左骁卫郎将、河源军经略副使，并夸奖他说：“卿有文武材，勿辞也！”

黑齿常之和娄师德从此成为抵抗吐蕃入侵的著名将领。

第二年十二月，高宗驾崩。如何处置与吐蕃的关系，就成了武皇后所要面对的问题了……

我们知道，西域是吐蕃与唐廷争夺的热点地区之一。围绕着对这一地区的控制权，双方几经争夺，经常是你方唱罢我方登场。其实，西域还有一股强大的第三势力。正是这股势力的存在使得西域问题变得十分复杂。这股势力就是与东突厥同文同种的西突厥。高宗时期，另一重大的对外军事行动，就是剿灭西突厥的战争……

第八章

唐风烈烈在西域

——唐与西突厥的战事

西突厥是东突厥同文同种的近亲，控制着西域诸国与铁勒诸部。其实力虽远不如东突厥，但在西域诸国与铁勒诸部的眼中，西突厥已然是一个庞然大物了。因为共同敌人东突厥的存在，西突厥有着与唐廷友好的传统。但其国内分久合少，可汗虽多，含金量却远不如东突厥的可汗。但从高宗时开始，西突厥逐渐走上了反唐的道路……

1. 短暂的蜜月期

◆ 突厥汗国的分裂

突厥本是塞种人[16]的一支，游牧于金山（今阿尔泰山）一带。之所以叫突厥，是因为金山形似他们的战盔“兜鍪”，而“兜鍪”在其语言中又俗称为“突厥”，所以就叫突厥。魏晋南北朝时期，突厥臣服于当时纵横漠北的柔然，因其部落善于锻造铁骑，因而被柔然当作锻铁奴。

西魏大统十二年（公元 546 年），突厥合并了铁勒诸部（下文有详细介

---

⑯ 塞种人，简称塞人，属欧罗巴人种印度地中海类型。原是住在中国新疆伊犁河流域的游牧民族。约在公元前 160 年前后，塞种人受大月氏人的驱赶，向南迁徙，通过开伯尔山口进入南亚次大陆，消灭了几个印度、希腊人王朝，建立了统治。塞种人的王朝除了北印度大部以外，向西南到达今马哈拉施特拉邦西部地区。塞种人被认为是现今哈萨克族等操突厥语民族的祖先之一。

绍），逐渐强盛起来。六年后，突厥土门可汗率兵袭击柔然，大获全胜。土门随即在鄂尔浑河流域正式建立了突厥奴隶制政权。其最高首领称为“可汗”，王子称为“特勒”，将领称作“设”。此后，突厥日益扩张，最盛时疆域东至辽海（辽河上游），西濒西海（今咸海），北至北海（今贝加尔湖），南临阿姆河南。因为汗国太过庞大，为便于统治，将辖境分为东、西两个部分，分设东、西两个小可汗，统一受制于大可汗。

彼时，正值中国的南北朝时期，在中国北方，北齐与北周并立争锋。慑于新兴突厥汗国强大的军事实力，同时也为了借助突厥的力量遏制乃至消灭对方，北齐与北周均采取向突厥纳贡、和亲的政策，以换取突厥帝国的支持，至少是保持中立。而突厥也巧妙地周旋于二国之间，获取了大量的政治经济利益。

但这种情况很快就发生了变化。公元 581 年，杨坚代周建隋。隋的统一，结束了突厥汗国没有强邻的历史。突厥汗国再也无法像以前那样，从北周、北齐获取大量好处了，只能通过战争进行索取。于是，就在隋朝建立的当年，突厥人趁隋朝立足未稳之际，从今甘肃一带向隋发动大举进攻。隋文帝不得不发兵抵御，并被迫重修了长城。此后，隋朝开始从政治和军事两方面反击突厥人。

需要指出的是，突厥汗国就其本质而言，实是个部落联盟。在诸多的部落当中，最强大的那个部落的领袖就是整个部落联盟的盟主，也就是突厥汗国的大可汗。突厥人的意识里，只有部落的概念，而没有民族的概念（民族的概念其实是汉人强加给他们的）。当部落利益与联盟利益发生冲突的时候，突厥人首先想到的都是本部落的利益。这就注定了他们是容易被分化瓦解的。

当时，突厥的大可汗是沙钵略，东面可汗是阿波，西面可汗是达头。在隋朝的分化之下，突厥三个可汗之间勾心斗角，不断爆发冲突。开皇三年（公元 583 年），狡猾的达头可汗鼓动大可汗沙钵略兴兵犯隋。进军途中，达头却擅自退兵，致使沙钵略的孤军为隋军所败。沙钵略实力大受折损，已无法有效维持对汗国的控制。达头趁机联合阿波公开反对沙钵略，并从此划疆而治，设南牙（冬都）于鹰娑川（今新疆库车西北）岸边，建北牙（夏都）于碎叶河旁的千泉（今哈萨克斯坦楚河西岸），不再奉大可汗之令。突厥汗国正式分裂为东、西两个突厥。

仍需指出的是，所谓东突厥、西突厥的叫法同样是隋人强加给他们的。东突厥人自称“突厥”，而西突厥人却自称“十箭”。之所以叫十箭，是因为早期的西面可汗室点密发明了一种独特的政权组织形式。西突厥共有十部十姓。室点密以碎叶（今吉尔吉斯斯坦首都比什凯克以东的托克马克市附近）为界，将十部分成左厢和右厢两大部分。左厢位处碎叶以东，共有处木昆、胡禄屋、摄舍提、突骑施、鼠尼施五部，其酋长称作啜，统称五咄陆。右厢位处碎叶以西，由阿悉结、哥舒、拔寒干、阿悉结、阿舒虚五部组成，其酋长称作俟斤，统称五弩失毕。室点密分赐给每部酋长以一支箭，作为合法统治的象征。故西突厥始终被东突厥人称作“十箭”。除“十箭”外，西突厥还有处月、处密等诸多属部，它称雄于西域和中亚，控制着丝绸之路的要道，获利匪浅。

◆ 西突厥简史

突厥汗国分裂之初，东突厥因为频繁的内讧和隋廷的打击，实力要明显弱于西突厥。但是，当强盛起来的西突厥日益对隋廷的权威构成挑战后，隋廷转而开始扶持东突厥的启民可汗。隋文帝仁寿元年（公元 601 年），隋朝与东突厥的联军大举进攻达头可汗。两年后，达头遭到彻底失败，逃入吐谷浑，并于九年后客死异乡。

达头之后，泥撅处罗可汗一度控制了西突厥大部分疆土，剩下的疆土则掌握在达头可汗之孙射匮可汗的手中，双方干戈不息。泥撅处罗治国无道，招致了臣民的反叛。隋炀帝大业元年（公元 605 年），泥撅处罗发兵袭击铁勒诸部，搜括他们的财物，又猜疑薛延陀部生变，杀其酋长数百人。因此，铁勒各部都起来反对泥撅处罗，多次打败他。隋朝趁机招抚了他。大业五年（公元 609 年），隋炀帝西巡，召泥撅处罗会于大斗拔谷（今甘肃省民乐县东南扁都口）。泥撅处罗托故不至。炀帝大怒，诱使射匮可汗发兵袭击泥撅处罗。泥撅处罗大败，先是逃至高昌境内，后于是年底率残部归附隋廷。翌年正月，隋炀帝将其部众分成了三个部分：其弟阙度设率领老弱万余人至会宁（治所在今甘肃省永登东南）居住；特勒阿史那大奈（即演义中的史大奈）领余众居楼烦（治所在今山西省静乐县）；改封泥撅处罗为曷娑那可汗，领五百骑常从皇帝巡幸。

因缘巧合，射匮可汗重新统一了西突厥。更为幸运的是，不久后，隋炀帝的统治诱发了危机，隋朝大乱，再也无心无力羁縻射匮了。射匮可汗遂开拓疆域，东至金山（今阿尔泰山），西至西海（今咸海），玉门关以西诸国都附属于他，其王庭设于龟兹北三弥山（今新疆维吾尔自治区库车县北依契克巴什河一带之山）。

隋亡而唐建。武德元年（公元 618 年），射匮可汗死，他的弟弟继立为统叶护可汗。统叶护可汗智勇双全，擅长指挥作战，率控弦之士数十万人，北并铁勒，西拒波斯，南接罽宾[17]，称霸西域。他将王庭迁徙到石国[18]北面的千泉（今中亚塔什干北库马雷克至灭尔基一带），并授予臣服西突厥的西域诸国国王以“颉利发”之称号，向每国派驻吐屯一人进行监督，征收贡赋。西突厥迅速强大起来。统叶护时期是西突厥历史上最强盛的时期。

不过，西突厥再强，也强不过同文同种的东突厥。此时的东突厥历经启民、始毕、处罗两代人三汗的努力，到颉利可汗时，已然变得十分强大。东突厥不仅与大唐为敌，而且还严重威胁着西突厥的安全。东突厥的军事压力，使得西突厥和大唐开始走近。统叶护奉行对唐友好政策，曾于高祖武德二年（公元 619 年）七月遣使入贡。唐高祖李渊对统叶护的姿态十分赞赏，并且迅速投桃报李。

曷娑那可汗（即之前的泥撅处罗可汗）在江都政变后，随宇文化及北上。宇文化及将败之际，他于武德元年（公元 618 年）跑到长安降唐，受到了高祖李渊的热烈欢迎，并被册封为归义郡王。曷娑那的存在，无论是对东突厥的颉利来说，还是对西突厥的统叶护而言，都是一种威胁。二人均曾遣使到长安，要求李渊杀掉曷娑那。时为秦王的李世民不同意，并表态说：“人穷来归我，杀之不义。”李渊权衡考量，最终还是任由东突厥使者杀掉了曷娑那。

对于唐廷杀掉曷娑那的举动，统叶护也十分满意，因此于武德八年（公元 625 年）四月遣使请婚。李渊采纳裴寂远交近攻的建议，为羁縻东突厥，便答应了统叶护的要求，派侄高平王李道立至西突厥表示允婚。统叶护十分高兴，贞观元年（公元 627 年），他派人赴长安，向唐太宗献上“万钉宝钿金

---

⑰ 罽宾，古代中亚内陆地区的一个国家或地区名。公元前 4 世纪时，罽宾曾被来自欧洲东南部马其顿的亚历山大大帝征服，其后属巴克特里亚之希腊王朝统治。公元前 2 世纪，来自中亚地区的塞种一支越兴都库什山，占领喀布尔河流域，取代希腊人成为当地的统治者，建都于修鲜城（或循鲜，在今斯利那加附近），即古迦毕试城，原为马其顿的亚历山大大帝所筑，称为高加索之亚历山大城。此即汉代之罽宾。该国农业发达，盛产稻米。城市生活、商业、手工业都很繁荣。中国与罽宾建立关系始于汉武帝。公元前 115 年，张骞出使乌孙，派副使至罽宾。当时罽宾地处丝绸之路南道上的一条重要支线之上，罽宾商人经常来往中国。

⑱ 石国，西域古国，昭武九姓之一。其地在今乌兹别克斯坦首都塔什干。

带，马五千匹”，打算迎娶公主。但东突厥的颉利不愿意看到西突厥和唐廷走得太近，遣使威胁统叶护说：“汝迎唐公主，要须经我国中过。”太宗倒也有意下嫁公主，可统叶护畏惧颉利，终究还是没敢迎娶唐朝公主。

唐太宗本想联合西突厥，夹击东突厥。但不久之后，他就放弃了这个念头。主要的原因有两个：

一来，西突厥再度陷入内乱。统叶护十分自负，作威作福，欺凌百姓，引起部众怨恨。贞观二年（公元 628 年），统叶护的伯父莫贺咄杀其而自立为屈利俟毗可汗。但国人不服，又迎立统叶护可汗之子为乙毗钵罗肆叶护可汗。肆叶护与莫贺咄“连兵不息”，西突厥实力大为削弱，“西域诸国及敕勒先役属西突厥者皆叛之”。

二来，太宗已经发现了新的潜在盟友——铁勒同盟。

◆ 铁勒的崛起

铁勒即是《敕勒歌》[19]里的敕勒。敕勒人，最早被称为丁令族（又作丁零、丁灵、钉灵），生活在勒拿河至贝加尔湖附近，在冒顿单于时臣属于匈奴。

南迁入中原的敕勒被晋朝、南朝称为丁零。鲜卑人因北方的敕勒人使用车轮高大的车子，称之为高车。东汉窦宪联合北方各部族，在公元 91 年击败北匈奴。鲜卑部落进入蒙古高原，蒙古高原上的匈奴部落皆自号为鲜卑，丁零也是其中之一。

公元 4 世纪中叶，生活在阴山一带的人大都已鲜卑化。著名的《敕勒歌》是北齐时敕勒人鲜卑语的牧歌，后被翻译成汉语。敕勒人在北魏时期大量参加北魏的战争，其中大部分和鲜卑人一起逐渐融入汉族。

公元 4 世纪末至公元 6 世纪中叶，继匈奴、鲜卑之后，敕勒人和柔然人活动于中国北疆境外的内陆亚洲的大漠南北和中亚广大地区。在中原的丁零人曾建立翟魏政权。公元 487 年，敕勒人领袖阿伏至罗为摆脱柔然统治，率 10 万多人西迁，在车师地区（今新疆吐鲁番西北）建立了自己的政权。

铁勒诸部与突厥虽文化相近、习俗相通，但其实分属两个不同的种族。突厥属于塞种人，但却受铁勒的影响较深，属于铁勒化的塞种人部落。老师教会了徒弟，却沦为了徒弟的奴隶。公元 546 年，突厥兼并铁勒诸部，建立

---

⑲ 敕勒川，阴山下，天似穹庐，笼盖四野。天苍苍，野茫茫，风吹草低见牛羊。

突厥汗国。

铁勒的主体是九姓铁勒，但其实并非仅仅有九个部落，其主要的几个部落是：活动于色楞格河流域的回纥部、活动于土拉河上游的仆骨部和契苾部、活动于土拉河下游的同罗部、位处仆骨部以东的拔野古部、位处仆骨部与同罗部之间的思结部、活动于皋兰地区的浑部、活动于阿尔泰山附近的葛逻禄以及活动于天山附近的拔悉蜜。

隋开皇三年（公元583年），突厥汗国分裂后，铁勒诸部分属东、西二突厥。其中，回纥等六部属于东突厥，而薛延陀、契苾等部则属于西突厥。但无论是东突厥，还是西突厥，对铁勒部众都是极尽压迫之能事。铁勒诸部苦之久矣。为了对抗突厥人的压迫，铁勒诸部开始走向团结。

西突厥泥撅处罗可汗时，征税无度，引起铁勒诸部皆怨。泥撅处罗实行高压政策，竟先后诛杀铁勒各部大小酋长一百多人。于是，铁勒诸部相继叛离西突厥。他们团结在势力较强的薛延陀部和契苾部的周围，公推契苾部酋长契苾哥楞为大可汗、薛延陀部酋长乙失钵为小可汗，对抗西突厥。但不久后，西突厥在射匮可汗的领导下，重振声威。契苾哥楞、乙失钵只得去掉可汗之号，铁勒诸部再度臣服西突厥。

辗转到了统叶护可汗失势的时候，薛延陀乙失钵的孙子夷男带领其部众七万余户，转而改投到东突厥颉利可汗的门下。颉利走向没落时，薛延陀联合回纥、拔野古诸部，又再度背叛了东突厥，走上了独立发展的道路。颉利派兄长始毕之子欲谷设率十万大军征讨铁勒。但回纥部酋长菩萨仅率领五千骑，就在马鬣山将欲谷设打得屁滚尿流。随后，他更是一路追击欲谷设直至天山，突厥部众“多为所虏”。随后，颉利又先后派出四路人马攻打铁勒联盟，却都败在了薛延陀夷男的手上。

铁勒同盟不仅成功摆脱了东、西突厥的控制，而且日渐成为漠北地区一股重要的军事力量。西突厥内讧不已，而铁勒却蓬勃向上，面对此种情况，太宗立即改变了原先的战略观，将西突厥晾在了一边，转而向铁勒同盟伸出了橄榄枝。在铁勒诸部尤其是薛延陀和回纥的支持与配合之下，唐廷最终于贞观四年（公元630年）初打败了东突厥。

而直到同年稍晚的时候，肆叶护才打败莫贺咄，重新统一了各部。

◆ 内讧不已的西突厥

诸部刚刚统一，肆叶护本该致力于消弭创伤、休养生息，以巩固汗位。但他却野心膨胀，想立即恢复对铁勒诸部的控制，便于当年发动了对铁勒同盟的北征。但此时的铁勒早已不是当年的吴下阿蒙，肆叶护被薛延陀打得大败而归。

对外战争的失利再度引起了西突厥的内讧。多疑狠毒的肆叶护先是杀害了功臣乙利小可汗一族，继而又阴谋杀害重要大臣泥孰。泥孰提前收到风声，被迫逃亡焉耆。不久后，肆叶护遭设卑达干与五弩失毕攻击，逃亡康居，后来死在了那里。西突厥十姓从焉耆迎回泥孰，推为可汗。

泥孰在唐高祖武德年间，曾经随西突厥使团到过长安。当时还是秦王的李世民与他交情深厚，两人还曾结为结义兄弟。因此，泥孰登上汗位后，立即派遣使者朝觐太宗，表示愿意归附大唐。太宗十分高兴，于贞观七年（公元 633 年）派鸿胪少卿刘善因赴西突厥，册封泥孰为奚利邲咄陆可汗。但不到一年，泥孰就病死了，西突厥再度内讧。

东突厥败亡后，其残余势力在唐廷和薛延陀的军事打击下，不断西迁，对西突厥构成了严重的威胁。

西突厥受到的第一次重大威胁，来自东突厥处罗可汗之子阿史那社尔。阿史那社尔引兵袭破西突厥，“取其地几半，有众十余万”，甚至还自立为答布可汗。但阿史那社尔深恨薛延陀亡其故国，因此也犯了肆叶护的老错误，不顾部众反对，强行攻打薛延陀。但此时，西突厥汗位之争已经尘埃落定，泥孰之弟同娥设胜出，是为沙钵罗咥利失可汗。咥利失联合薛延陀夹击阿史那社尔。阿史那社尔众叛亲离，被迫于贞观十年（公元 636 年）正月，率残部投降了唐廷。太宗对他非常重视，还把皇妹南阳长公主嫁给了他。后来，阿史那社尔忠于唐廷，并成为太宗贞观年间的一员虎将。

但不久后，西突厥又遭到了东突厥残部的第二次重大威胁。这个强敌就是当年曾被回纥酋长菩萨打得大败而归的欲谷设。欲谷设是原东突厥始毕可汗的儿子，与阿史那社尔是叔伯兄弟关系。此人逃到西突厥后，受到了西突厥西方诸部的支持，并被拥立为乙毗咄陆可汗。乙毗咄陆与咥利失数次大战，谁也奈何不了谁。于是，双方就以伊列河（今伊犁河）为界，以西为乙毗咄陆的势力范围，以东为咥利失的汗国。西突厥再次分裂。

贞观十三年（公元 639 年），咥利失之臣俟利发吐屯勾结乙毗咄陆作乱。

咥利失失势，被迫逃往拔汗那（今中亚费尔干纳盆地），并最终死在了那里。这时，由十箭里的五弩失毕部出面，拥立咥利失的侄子薄布特勤为乙毗沙钵罗叶护可汗。沙钵罗护与乙毗咄陆争斗不休，二人均派遣使者朝拜太宗。唐太宗多次劝谕他们停兵休战，彼此和睦相处。但鉴于乙毗咄陆渐渐占了上风，唐廷的态度开始转变。贞观十五年（公元 641 年）秋七月，唐太宗命左领军将军张大师出使西突厥，册立沙钵罗叶护为可汗，并赐给鼓纛。但就在这一年晚些的时候，沙钵罗叶护兵败，为乙毗咄陆所杀。

统一了西突厥各部的乙毗咄陆马上就显露出了他的本来面目。他“自恃强大，遂骄倨”，不仅扣留了唐廷的使者，而且发兵进攻伊州（今新疆维吾尔自治区哈密市），“侵暴西域”。强硬的唐廷立即还以颜色。贞观十六年（公元 642 年）九月，唐安西都护郭孝恪（郭待封的父亲）连续击败乙毗咄陆军，西突厥属部处密降唐。

见唐军实力强劲，乙毗咄陆不敢向东，转而向西攻破了米国（位于今乌兹别克斯坦共和国撒马尔罕南）。在这场战争中，西突厥夺取了大量的人口与财富。但乙毗咄陆却背弃了分享战利品的传统，意图独占。他的部将泥熟啜因为擅取俘虏与战利品而被他处死。乙毗咄陆的贪婪与残忍引起了部众们的怨恨。泥熟啜的部属突袭了乙毗咄陆。乙毗咄陆猝不及防，遭到失败，率残部败退白水胡城（今哈萨克斯坦共和国锡腊姆）。

西突厥诸部联合派使者赴长安，请求唐太宗废黜乙毗咄陆，另立可汗。唐太宗遣使册立了新的乙毗射匮可汗。乙毗射匮初即汗位，便立即将乙毗咄陆所扣留的唐朝使者全部礼送回长安。此时的乙毗咄陆不甘失败，派人招引他原来的部署。但那些部署都说：“即使我们一千个人都战死，只剩下一个人，也决不会跟从你。”乙毗咄陆至此才知自己已大势已去，于是逃到了吐火罗[20]，最终客死异乡。

惹是生非的乙毗咄陆已经被俯首帖耳的乙毗射匮所取代，此时的西突厥唯唐廷马首是瞻，似乎已经不再是一个麻烦了。但仅仅是似乎而已。

---

⑳ 吐火罗人是最早定居天山南北的古代民族之一，阿尔泰山至巴里坤草原之间的月氏人、天山南麓的龟兹人和焉耆人、吐鲁番盆地的车师人以及塔里木盆地东部的楼兰人，皆为吐火罗人。他们是原始印欧人的地处最东的一支民族。他们对西域文明，乃至整个中国文明的发生、发展都起过重要作用。西亚起源的小麦就是吐火罗人从西方引入中国的。具有千年文明史的楼兰文明，对中国佛教史发生重大影响的龟兹文明，融会东西方多种文化因素的吐鲁番文明，也是吐火罗人创造的。

2. 第一次唐西战争

◆ 阿史那贺鲁反唐

乙毗咄陆虽然不得人心，但是还没有到孤家寡人的地步。阿史那贺鲁正是他的得力助手兼忠心部下之一。

阿史那贺鲁本是乙毗咄陆麾下的叶护，居于多罗斯川（今新疆额尔齐斯河上游），统处月、处密、哥舒、葛逻禄、弩失毕五姓之众。乙毗射匮得到唐廷的册封后，即挥兵攻击阿史那贺鲁。在他的持续打击下，被逼得走投无路的阿史那贺鲁率执舍地、处木昆、婆鼻三部数千帐迁徙到内地，归降唐廷。太宗将这部分西突厥降众安置到了庭州莫贺城（治今新疆维吾尔自治区吉木萨尔北破城子），还册封阿史那贺鲁为左骁卫将军。

阿史那贺鲁归唐，直以为此生就是如此了。不曾想，唐廷与龟兹的战争竟改写了他一生的命运。

龟兹，位处西域北道，乃西突厥属国。因其始终追随着西突厥的反唐政策，因此，早在贞观十六年（公元 642 年），唐太宗就派郭孝恪讨伐龟兹。郭孝恪先胜后败，自己也被龟兹人射死。龟兹人侥幸躲过了唐军的这一次征讨。两年后，唐廷出兵攻打西突厥在西域的另一属国——焉耆。龟兹与焉耆连兵抗拒唐军。贞观二十一年（公元 647 年）十二月，龟兹王伐叠卒，弟诃黎布失毕立。太宗以龟兹王诃黎布失毕“浸失臣礼，侵渔邻国”为由，诏使持节、昆丘道行军大总管、左骁卫大将军阿史那社尔，副大总管、右骁卫大将军契苾何力，安西都护郭孝恪等将兵击之，同时还命铁勒十三州、突厥、吐蕃、吐谷浑连兵进讨。

刚刚降唐的阿史那贺鲁想给太宗留个好印象，便率随从数十人至长安朝觐，请求太宗让自己担任大军的向导兼先锋。太宗万万没想到阿史那贺鲁如此积极主动，大为高兴之下，提拔他为昆丘道行军总管，虽然没有让他随军出征，但却“厚宴赐而遣之”。

此时，翅膀渐硬的乙毗射匮开始不那么听唐廷的话了。早在贞观二十年（公元 646 年）六月，乙毗射匮遣使入贡，提出和亲。太宗虽然答应了，但提出的条件十分苛刻，要求乙毗射匮割龟兹、于阗、疏勒、朱俱波、葱岭五国以为聘礼。乙毗射匮当然不肯答应，和亲之事随即也泡了汤。等到贞观二十二年（公元 648 年）底，唐军攻灭龟兹后。太宗就开始谋求对付乙毗射匮了，他马上就想到了忠顺听话的阿史那贺鲁。因此，贞观二十三年（公元649年）二月，他设置了瑶池都督府，而瑶池的辖境就是整个西突厥领土。太宗不仅任命阿史那贺鲁为首任瑶池都督，而且还册封他为泥伏沙钵罗叶护，赐以鼓纛，让他返回西突厥故地，招降那些与唐廷对抗的部落。

然而，三个月后，太宗驾崩。六月，高宗即位。为了羁縻阿史那贺鲁，高宗又晋升他为左骁卫大将军。但高宗很快就发现，他那英明一世的父亲看错人了。

此时的阿史那贺鲁早已不是三年前那个低眉顺眼的阿史那贺鲁了。随着归降他的西突厥部众越来越多，阿史那贺鲁的野心也日益膨胀，阴谋以入寇庭州的举动宣告他与大唐的决裂。庭州刺史骆弘义察觉了他的阴谋，立即上书朝廷。高宗马上派通事舍人桥宝明驰往瑶池，安抚阿史那贺鲁。此时的阿史那贺鲁还未准备就绪，只能隐忍。桥宝明建议阿史那贺鲁派长子咥运入宫宿卫，充作人质，向朝廷示好。阿史那贺鲁见先机已失，便同意了桥宝明的建议，派咥运入宫宿卫。高宗还以为他并无二心，不久后就将咥运放归。不曾想，咥运返回瑶池后所做的第一件事情，就是力劝其父反唐。

永徽二年（公元651年）正月，阿史那贺鲁率部众西进，对乙毗射匮开战。不久后，他就击败了乙毗射匮，统一了十姓部落。他自号沙钵罗可汗，以咥运为莫贺咄叶护，有胜兵数十万。“西域诸国多附之”。

初步统一后仅仅半年，阿史那贺鲁便开始兴兵犯唐。西突厥军入寇庭州，攻陷金岭城及蒲类县，“杀略数千人”。

高宗对阿史那贺鲁的背叛大为震怒，立即下诏，以左武侯大将军梁建方、右骁卫大将军契苾何力为弓月道行军总管，右骁卫将军高德逸、右武侯将军薛孤吴仁为副，发秦、成、岐、雍府兵三万人及铁勒回纥部五万骑以讨之。

◆ 牢山之战

梁建方，初唐时期猛将。此人在唐朝统一战争和对外战争中均立下汗马功劳，但不知为何，却为各大史籍所普遍忽略。《旧唐书》《新唐书》《资治通鉴》等史书均未为其立传，唯有只言片语载于其上。

梁建方第一次出现在史书上，是在武德四年（公元621年）唐平王世充之战中。是役，梁建方与尉迟敬德、高甑生三人三骑直入王世充军中，生擒了王世充的侄子王琬，并将王琬所骑的隋炀帝御马穆恚献给了李世民。然后是在贞观二十二年（公元 648 年），时任右武侯将军的梁建方击败了松外蛮。同年九月，他又和茂州都督张士贵发陇右、峡中兵二万余人，讨伐雅、邛、眉三州獠人。

契苾何力在史书中的记载可就比梁建方多多了。他出身于铁勒契苾部酋长世家。九岁时，其父去世，乃袭位。东突厥灭亡后，贞观六年（公元 632 年）契苾何力与母亲率部千人归唐，并言："实有诚心，若至中华，死而不恨"。太宗将契苾部安置在甘（今甘肃张掖）、凉（今甘肃武威）一带，封何力为左领军将军，封其母为姑臧夫人，弟契苾沙门为贺兰州都督。

贞观八年（公元 634 年），李靖统领侯君集、李道宗、李大亮、薛万均、薛万彻、李道彦、高甑生等将征讨吐谷浑。契苾何力亦率部随征，隶李大亮部。次年，契苾何力率精兵千余，突袭吐谷浑王帐，俘获吐谷浑王后，并获骆驼、马、牛、羊二十余万头。太宗遣使慰劳诸将，薛万均耻于功在何力之下，当面抵毁据功。契苾何力拔刀而起，欲杀万均，为众将所劝。太宗闻知大怒，欲将薛万均的官职转授何力。何力辞而不受，并言："以臣之故而解万均，恐诸蕃闻之，以为陛下厚蕃轻汉，转相诬告，驰竞必多。又夷狄无知，或谓汉臣皆如此辈，固非安宁之术也。"太宗于是将何力调往长安任玄武门宿卫、检校屯营事，并以宗室女临洮县主下嫁。

贞观十三年（公元 639 年），太宗以侯君集为交河道行军大总管征讨高昌。由于契苾何力自幼长于西域，又是部落首领，熟悉地理，因此被封为葱山道副大总管，随军出征。并于次年围困高昌城，高昌王麴智盛投降。

贞观十六年（公元 642 年），契苾何力回凉州省亲，并视察其部落。当时部落中不少首领挟持何力母、弟欲归附薛延陀。契苾何力极力劝阻，众人不但不听，反而将何力绑至薛延陀。消息传回，朝廷上下议论纷纷，有人趁机陷害何力，但太宗对何力深信不疑，并言："（何力）心如铁石，必不背我"。契苾何力到薛延陀可汗夷男牙帐后，箕踞而坐，誓死不屈，大骂夷男，拔刀面东大呼："岂有大唐烈士，受辱番庭？天地日月，愿知我心！"割左耳自誓，以示忠唐之心。夷男大怒不已，欲杀何力，后在其妻劝说下作罢。太宗得知后，派兵部侍郎崔敦礼持节至薛延陀，同意以下嫁公主为条件，换回契苾何力。契苾何力还朝后，被封为右骁卫大将军，并劝太宗不要许婚，以免替薛延陀可汗巩固地位。

贞观十九年（公元 645 年），太宗亲征高句丽，契苾何力时任前军总管，被高句丽军包围。何力率军奋战，腰部被长矛刺中，伤势严重，被部将薛万备救回。何力更为激愤，带伤再战，终于大败高句丽军，乘胜追击几十里，斩千余人。战后，唐太宗亲自为何力敷药，以示关怀。不久，唐太宗抓到刺伤何力的高突勃，并把其交给何力，让他报一矛之仇。契苾何力以此并非私仇，将其释放。

贞观二十年（公元 646 年）六月，太宗以李道宗、阿史那社尔为瀚海安抚大使，契苾何力统领凉州及胡族兵，执失思力率突厥兵，薛万彻、张俭各率本部兵马，分兵进攻薛延陀。不久，多弥可汗被回纥所杀，宗族也被屠戮殆尽。薛延陀余众向西溃逃。

贞观二十三年（公元 649 年）五月，太宗去世，契苾何力与阿史那社尔请求以身殉葬，侍卫陵寝，唐高宗李治派人向他说明太宗的遗嘱，不许殉葬，这才作罢。

梁建方和契苾何力的出兵，代表着唐廷第一次大规模对西突厥用兵。

唐军原本是奔着阿史那贺鲁的西突厥本部去的。但就在大军开拔后不久，西突厥别部处月部酋长朱邪孤注杀害了唐廷的招慰使、果毅都尉单道惠，据守牢山（今新疆阿则博格多山），与阿史那贺鲁遥相呼应。

处月，又名沙陀，其祖为北匈奴，后为悦般，居乌孙故地热海附近，游牧于今新疆准噶尔盆地西南（今巴里坤）一带，隶属轮台，因其地有大沙丘，故而得名。处月虽不是十姓之一，但历史上也是西突厥的属部之一。西突厥内讧不休，故处月部时常摇摆于唐廷和西突厥之间。

处月公开叛唐后，梁建方、契苾何力即率军改向，直逼朱邪孤注。永徽三年（公元 652 年）正月，唐军于牢山大破处月朱邪孤注。朱邪孤注趁着夜色逃跑。梁建方派副总管高德逸率轻骑追击。高德逸追出五百多里，大破处月残军，“斩首九千级”，还生擒了朱邪孤注。

但不知为何原因，唐军在击败处月后，没有继续进军，而是选择了班师回朝。翌年，唐廷撤销瑶池都督府，在原处月部之地设置了金满、沙陀二州，以羁縻处月人。

此后两年间，阿史那贺鲁有所收敛。唐与西突厥之间并无战事。不过，两年过后，阿史那贺鲁与乙毗咄陆之子真珠叶护爆发了冲突。真珠叶护率五弩失毕攻击阿史那贺鲁，“破之，斩首千余级”。西突厥再度分裂。

◆ 鹰娑川之战

天赐良机，由不得高宗不动心。永徽六年（公元 655 年）五月，唐廷发动了对西突厥的第二次征讨。高宗以右屯卫大将军程知节为葱山道行军大总管，讨伐阿史那贺鲁。

程知节，即演义中大名鼎鼎的程咬金。程咬金本是他的原名，后更名为知节，字义贞，济州东阿（今山东东平西南）人，骁勇善战，善于骑马用槊击刺。

隋大业六年（公元 610 年）起，盗贼蜂起，程知节组织了一支数百人的武装，护卫乡里。后来归附李密，得到重用，为内军骠骑之一。李密在军中挑选出勇烈之士八千人，隶属四骠骑，分为左右，号称内军。李密常对人说："这八千人抵得上百万大军。"程知节管领四骠骑之一，所受恩遇特别隆厚。王世充与李密决战，程知节率领内骑扎营于北邙山上，单雄信率领外骑扎营于偃师。王世充袭击单雄信营垒，李密派遣程知节与裴行俨前去救援，裴行俨被流箭中，坠落马下。程知节驰马救援，连杀数人，趁王世充军后退之机，抱起裴行俨驰马回奔。追兵用槊刺击，程知节折断其槊，斩杀追兵，方才免于此难。

后来李密失败，为王世充所俘虏，王世充任命其为将军，待之甚厚。武德二年（公元 619 年），因鄙夷王世充为人多诈，程知节对秦叔宝说："王公才识风度浅薄狭隘，却爱乱说，喜欢赌咒发誓，这不过是老巫婆，哪里是拨乱反正的君主！"王世充在九曲与唐军交战，秦叔宝、程知节都带兵在阵上，和他们的几十名部下，骑着马向西跑了一百来步，然后下马向王世充行礼，说道："我等身受您的特别优待，总想报恩效力，但您性情猜忌，爱信谗言，不是我等托身之处，如今不能再侍奉您，请求从此分别。"于是跳上马前来降唐，王世充不敢追逼。

李渊让他们侍奉秦王李世民，李世民早已听说他们的名声，十分尊重他们，任命秦叔宝为马军总管，程知节为左三统军。此后，程知节追随秦王李世民，先后击败宋金刚、窦建德、王世充，并领左一马军总管，每逢出征，常常举旗先登，因屡建战功被封为宿国公。

武德七年（公元 624 年），太子李建成上向李渊进谗言，派他出任康州刺史。程知节告知李世民说："大王被去掉左膀右臂，要想使自己得到长久的保全，能做得到吗？知节有死而已，不敢离开大王身边！"武德九年（公元 626

年），李世民发动玄武门之变，程知节亦参与其中。玄武门之变后，拜太子右卫率，迁右武卫大将军，享受实封七百户。

贞观年间，程知节步步高升。贞观元年（公元 627 年），授使持节都督泸、戎、荣三州诸军事、泸州刺史（四川泸州），镇压铁山獠人叛乱，获赐绢二百匹、御服玉带一条。贞观七年（公元 633 年），拜左领军大将军，其第二子程处亮迎娶清河公主。贞观八年（公元 634 年），检校原州都督（今宁夏固原）。贞观十一年（公元 637 年），检校太宗第七子李恽的蒋王府长史。六月，太宗封建功臣，程知节被授为普州刺史，改封卢国公，真食七百户，子孙代代承袭。不久，又使持节都督幽、易、檀、平、燕、妫六州诸军事、幽州刺史。贞观十七年（公元 643 年）二月二十八日，李世民命人画二十四功臣图于凌烟阁，皆真人大小，程知节名列其中，位于第十九名。同年，程知节转任左屯卫大将军，检校宫城北门驻军。贞观十八年（公元 644 年），李世民亲征高句丽，程知节留守长安。贞观二十二年（公元 648 年），程知节被封为镇军大将军。贞观二十三年（公元 649 年），太宗驾崩，程知节自翠微宫奉敕统率飞骑军护卫皇太子李治回朝继位，并在左延明门外连续宿卫三个月。

程知节受领任务后，翌年（即吐蕃禄东赞开始对吐谷浑用兵之年）八月，兵分两路，进入西域。程知节与西突厥葛逻禄、处月二部战于榆慕谷，“大破之，斩首千余级”。副总管周智度则与突骑施、处木昆等部大战于咽城，“斩首三万级”。

同年十二月，程知节已率军推进至鹰娑川（今新疆开都河上游裕勒都斯河谷）。西突厥两万骑兵前来抵御。两军展开恶战，总管苏海政激战连场未能决出胜负。西突厥鼠尼施部两万多骑兵前来增援，形势相当危急。

这场危局却为一个人的崛起提供了前所未有的契机。这个人就是后来大名鼎鼎的苏定方。此时的苏定方名不见经传，只是一个小小的前军主管。这天，他正率领部下五百多名骑兵在野外休整。西突厥整军来敌程知节。隔着十余里，苏定方远远瞧见唐军大营尘土扬起。他当机立断，率部下飞驰直捣敌人军营。西突厥军猝不及防，腹背受敌，大败溃逃。苏定方率军追奔二十里，斩杀一千五百多人，西突厥军所丢弃的铠甲兵器、牛马纵横交错地散布在山坡原野上，无法统计。以五百人破四万人，苏定方由此一战成名。

但时任副总管的王文度对此却眼红心热，他煽动程知节说：“这时虽说是获胜，但官军也有死伤，千万不要急追敌寇，应自结方阵，慢慢谨慎前行，敌则战，万全之策。”更出格的是，王文度还对人讲皇上有密旨给他自己，让程知节及全军归他指挥，并下令军队不许深入追敌。可怜远道万里的唐军士卒终日骑行马上，严冬朔风，身被重甲缓缓而行，粮草不继，人马相继冻病而死。苏定方劝程知节："我们出师目的是为了歼敌，这时反而坐困自守，敌来必败，如此怯懦，何以立功！皇上以您为大将，怎么可能又密诏副手发号施令，其中肯定有诈。请下令把王文度抓起来，飞表上奏皇上弄个清楚。"英雄老矣，此时程知节全无青壮年时代的锐气，摇头不从。

唐军至恒笃城，有胡人数千归降。王文度说："这些人等我们离开，肯定又会反叛，不如全部杀掉，还能得大笔资财。"苏定方切谏："这样干我们自己倒成贼了，怎能称得上是为国伐叛！"程知节却默许了王文度。几千胡人被杀得干净，王文度"分其财，独定方不受"，史书虽未明讲程大将军也贪财宝，但"独定方不受"，已表明老程自己肯定也分了一大份儿。

不久后，唐军班师回朝。杀俘分财一事败露，王文度因矫诏当死，特除名免职。程知节因逗留不进及不努力追敌，减死免官。而苏定方却由此进入了高宗的视线。

◆ 大战曳咥河

程知节的第二次西征，打败的只是葛逻禄、处月、突骑施、处木昆、鼠尼施等西突厥属部，阿史那贺鲁的本部人马并未受到太大的冲击。对于西突厥，高宗的目的即专一又明确：彻底消灭阿史那贺鲁。

经过大半年的准备，显庆二年（公元 657 年）正月，高宗正式下诏，唐廷第三次大举征讨西突厥。事情有再一再二，没有再三再四。高宗决心以此次西征一战而定乾坤。为万全起见，他准备了软硬两手：软手方面，以太宗时降唐的西突厥酋长阿史那步真、阿史那弥射兄弟二人为流沙安抚大使，走天山南路，招徕西突厥各部；硬手方面，以他新近发现的人才——右屯卫将军苏定方为伊丽道行军总管，率燕然都护任雅相、副都护萧嗣业以及回纥酋长婆闰等部，自天山北道讨阿史那贺鲁。

这是苏定方从军以来第一次担任全军主帅。同年底，苏定方大军进至金山以北，大破西突厥处木昆部。处木昆部酋长懒独禄率万余帐来降。苏定方采取怀柔政策，对其加以安抚，并征发处木昆部数千骑兵随军出征。不久后，大军径抵曳咥河（今新疆北部额尔齐斯河）西岸。阿史那贺鲁闻讯，率领十万大军前来应战。苏定方率汉军及回纥兵一万余人同西突厥展开战斗。

阿史那贺鲁轻视唐军人少，刚一开战便从两翼合围了苏定方军。苏定方将步兵集结于制高点上，组成长矛阵御敌，自己则亲率骑兵在平坦处列阵。西突厥军向制高点上的唐步兵先后发动了三次冲锋，均不能攻破。苏定方趁机率骑兵发动进攻。西突厥大乱溃逃，人马死伤数万。唐军“杀其大酋都搭达干等二百人”。

翌日，苏定方整顿军队，继续进军。十姓右厢五弩失毕举众来降。阿史那贺鲁众叛亲离，率残部向西逃走。此时，左厢五咄陆部也先后奔往南道，向阿史那步真归降。苏定方一面令副将萧嗣业、回纥酋长婆润率偏师经邪罗斯川（今伊犁河西）追击阿史那贺鲁的败兵，一面和任雅相率领新附之众拦截贼军后路。

适逢天降大雪，积雪“平地二尺”，部将都请求稍事休息。但苏定方却说：“敌人依恃大雪，以为我军不能前进，必休整兵马，现进军乘其不备则可以追赶上，如果迟缓放纵让他们远逃而去，那就不能擒获了！”他率军踏雪进发，昼夜兼程，到了双河，与阿史那步真、阿史那弥射胜利会师。唐代著名边塞诗人卢纶为此专门写作了一首《塞下曲》：“月黑雁飞高，单于夜遁逃。欲将轻骑逐，大雪满弓刀”。

唐军将士士气饱满，长驱直入，逼近距阿史那贺鲁仅一百余里的金牙山（今吉尔吉斯斯坦托克马克以西）。阿史那贺鲁哪想到唐军会追得这么远，根本没有防备。苏定方纵兵进击，大破西突厥人。阿史那贺鲁率残部继续向西逃亡。唐军穷追不舍，直至碎叶水（今吉尔吉斯和哈萨克境内楚河），尽夺其众。阿史那贺鲁身边仅剩下十余骑，连夜逃往石国（今乌兹别克斯坦首都塔什干一带）西北的苏咄城。一干人等饥饿困乏。阿史那贺鲁派部下带着珍宝入城买马。城主伊沮达官假意以酒和饭菜出去迎接，引诱他进城后，关门将其拘捕。不久后，萧嗣业的追击部队抵达苏咄城。伊沮达官将阿史那贺鲁交给了他。

唐廷此次西征阿史那贺鲁，“收其人畜前后四十余万”，彻底打败了西突厥。苏定方令降服的西突厥各部返归故地，开通道路，设置邮驿，掩埋尸骨，慰问疾苦，划定部落地界，恢复生产，并将阿史那贺鲁掳掠的财物、牲畜等，全部归还原主。十姓部落像原来一样相安无事。

不久后，苏定方率唐军主力回国。他在长安城举行了隆重的昭陵、太庙献俘礼仪。唐高宗亲临殿前。苏定方身着戎装，将阿史那贺鲁献上。高宗擢升他为左骁卫大将军，封邢国公，另封其儿子苏庆节为武邑县公。

西域既平，显庆三年（公元 658 年）五月二日，唐廷将安西都护府迁至龟兹，并升格为安西大都护府，整个西域都在唐廷的掌控之下。随后，原臣服于西突厥的中亚诸国纷纷降附，唐朝的势力因此而深入中亚。唐廷依西突厥两厢分治的传统，以右厢五弩失毕部落设置濛池都护府，辖境西起咸海、东至吉尔吉斯斯坦、哈萨克斯坦和乌兹别克斯坦在内的部分地区，治所碎叶城，以阿史那步真为继往绝可汗，兼任濛池都护；以左厢五咄陆部落设置昆陵都护府，治所庭州城，以阿史那弥射为兴昔亡可汗，兼任昆陵都护。唐廷在西突厥及“其所役属诸国皆置州府，西尽波斯（今伊朗）”。

阿史那贺鲁被擒后，曾对萧嗣业说过：“我本亡虏，为先帝所存，先帝遇我厚而我负之，今日之败，天所怒也。吾闻中国刑人必于市，愿刑我于昭陵之前以谢先帝。”高宗听说后，心生怜悯，因此并未为难他。但阿史那贺鲁心情抑郁，不久后就去世了。高宗将其葬在了颉利可汗的墓旁。东、西突厥两大可汗在太宗的墓前实现了聚首。历史之吊诡让人扼腕。

阿史那贺鲁虽死，但西突厥残部仍在乙毗咄陆之子真珠叶护的带领下，继续顽抗。显庆四年（公元 659 年）正月，西突厥兴昔亡可汗与真珠叶护战于双河，斩真珠叶护。九月，高宗又下诏，“以石、米、史、大安、小安、曹、拔汗那、北拔汗那、悒怛、疏勒、朱驹半等国置州县府一百二十七”，均隶属于安西大都护府。

西突厥既亡，唐廷遂将战略中心由西转东，开始专注于对东北亚的经营上。然而，对西突厥的征服仅仅维持了不到六年的时间。龙朔二年（公元 662 年），西突厥故地风云再起。而搅局者，正是趁火打劫的吐蕃王朝。

3. 第二次唐西战争

◆ 阿史那都支反唐

搅局者虽是吐蕃人，但始作俑者却还是龟兹人。

太宗贞观二十一年（公元 647 年），唐廷第一次对龟兹用兵，阿史那贺鲁趁机上位，最终带领西突厥走上反唐道路。高宗龙朔二年（公元 662 年），唐廷第二次对龟兹用兵，鬼使神差之下，又帮助了一个西突厥人成功上位。这个人叫作阿史那都支。

同年二月，高宗下诏征讨龟兹。大军主将是凤海道总管苏海政，西突厥兴昔亡、继往绝二可汗也发兵随同。

兴昔亡、继往绝二人虽为族兄弟关系，但素来不和。继往绝就策划了一个阴谋，来陷害兴昔亡。苏海政大军进入兴昔亡之境后，继往绝向他“告密”：“弥射谋反，请诛之。”苏海政并未详查，信以为真，决心抢先动手，对付兴昔亡。他假传高宗圣旨，说要赏赐数万段帛给兴昔亡和他手下的酋长们。兴昔亡十分高兴，带着手下的酋长们前来受赏。苏海政趁机将这些人全部斩杀。兴昔亡麾下的鼠尼施、拔塞干两部大惊失色，举部逃走。苏海政带着继往绝追缴了二部。但是，等到大军回撤至疏勒时，兴昔亡麾下的弓月部却给唐军招来了一个强敌。

这个强敌就是吐蕃人。且说吐蕃自在显庆年间窃据吐谷浑之地后，便将触手伸入了西域。就在苏海政率军征讨龟兹的这一年，禄东赞发兵击降了克什米尔地区的大勃律国，并煽动疏勒、龟兹和西突厥的弓月部反叛唐朝，以牵制唐朝的军队。兴昔亡被杀后，他属下的部落基本上都投到了吐蕃人这一边。苏海政发现自己面对的敌人除了龟兹人和西突厥人外，竟然还有吐蕃人，大惊失色。吐蕃是大唐的盟友，苏海政拿捏不准，不敢轻起战端，便“以军资赂吐蕃，约和而还。”至此，吐蕃人成功地在西域地区建立起了自己的权威。

兴昔亡本无反唐之心，为苏海政所杀确属冤枉。西突厥各部都为他抱屈，“各有离心”。不久后，继往绝也死了。西突厥群龙无首，部落多有散失。这时，冒出了酋长阿史那都支、李遮匐，收集余众，重整旗鼓，明里拥护唐廷，暗里却投靠了吐蕃人。

高宗对西突厥亲吐蕃的趋势也有所警觉，但彼时的唐廷正在集中全力对东北亚诸国用兵，连趁火打劫屡屡得手的吐蕃都无暇对付，更何况是苟延残喘的西突厥呢？于是，高宗只能将西突厥问题暂时搁置。这一搁就搁了近二十年。唐廷与东北亚诸国的战事、与吐蕃的战事相继告一段落后，调露元年（公元 679 年），高宗突然收到了一条情报：阿史那都支与吐蕃联合，策划攻击安西都护府。高宗很想剿灭阿史那都支，但又怕吐蕃人趁唐廷对西突厥用兵之际来攻内地，左右为难。

但裴行俭为他解决了这个难题。

裴行俭，绛州闻喜（今山西闻喜东北）人，出自河东裴氏“定著五房”之一的中眷裴。曾祖父裴伯凤是北周的骠骑大将军、汾州刺史、琅琊郡公。

父亲裴仁基是隋朝的左光禄大夫，唐武德年间赠原州都督，谥号忠。

裴行俭少年时代凭借先辈功勋被委任为弘文生。贞观中叶，他参加明经科考试中选，被任命为左屯卫仓曹参军。当时，苏定方任大将军，发现了裴行俭的才干，便对他说："我用兵的谋略，世上没有可传授的人，现在你很合适。"苏定方把平生所学全部传授给了裴行俭。后来，裴行俭调任长安县令。高宗准备立武昭仪为皇后，裴行俭认为国家的祸患就从这事开始，和长孙无忌、褚遂良秘密商议对策。大理寺的袁公瑜向武昭仪的母亲告密，裴行俭被降职为西州都督府长史。

麟德二年（公元 665 年），他升任安西都护，西域各国大多仰慕他的仁义归附唐朝。不久后，高宗又将他召回朝廷，任司文少卿。后又改为吏部侍郎，和李敬玄、马载一同主持选才任官的工作，获得有才干的声誉，人们称为"裴马"。裴行俭创设长名榜、铨注等法规，还规定了州守县令的升降、衡量资历的高低作为制度。上元三年（公元 676 年），吐蕃入侵，裴行俭重归行伍，离京任洮州道左二军总管，改任秦州右军总管。

裴行俨向高宗献计说："现在吐蕃叛乱气焰正盛，而我方李敬玄战败，目前怎么能够再在西方发动大规模的战役？如今正好波斯王死了，王子泥涅师正在长安，不如派遣使节送他回国继位，正好路过阿史那都支和李遮匐的地盘。如能见机行事，不需要劳师动众就能够取得成功。"

高宗听了，拍案叫绝，并立即下诏，任命裴行俭为安抚大食使，送波斯王子泥涅师回国。

◆ 送波斯王子归国

裴行俨口中提到的波斯国，就是世界史上的著名的萨珊波斯王朝。萨珊波斯王朝是最后一个前伊斯兰时期的波斯帝国，其民自称其国为埃兰沙赫尔或埃兰。蜀汉后主刘禅建兴二年（公元 224 年），帕提亚帝国（即我国史书中的安息）法尔斯总督阿尔达希尔一世起兵推翻了外来的帕提亚帝国，于伊朗高原创建了萨珊波斯王朝。萨珊王朝统治时期的领土包括当今伊朗、阿富汗、伊拉克、叙利亚、高加索地区、中亚西南部、土耳其部分地区、阿拉伯半岛海岸部分地区、波斯湾地区、巴基斯坦西南部，控制范围甚至延伸到印度。

太宗贞观六年（公元 632 年），伊嗣埃三世继位。新兴的阿拉伯帝国（我国史书称之为大食）开始对萨珊波斯用兵。据《旧唐书》所载，慑于阿拉伯的攻势，伊嗣埃三世曾先后四次于贞观十二年（公元638年）、贞观十三年（公元639年）、贞观二十一年（公元647年）、贞观二十二年（公元648年）向太宗要求提供军事协助。但萨珊波斯距中国万里之遥，且唐朝当时在中亚并无利益诉求，因此太宗拒绝了伊嗣埃三世的请求。高宗永徽二年（公元651年），即唐廷开始对西突厥阿史那贺鲁用兵的那一年，内外交困的伊嗣埃三世被杀害于阿姆河附近的木鹿城的一座磨房内。萨珊波斯从此退出了历史舞台。

伊嗣埃三世死后，其子卑路斯沿着丝绸之路一路东逃到吐火罗（大致区域为今天的阿富汗和巴基斯坦北部），受到当地部落酋长保护，得到些许的喘息机会。卑路斯意欲东山再起，于永徽五年（公元654年）遣使向唐朝求援，为高宗所拒绝。此后不久，唐王朝的影响力开始渗入中亚，这就不能不与阿拉伯帝国发生冲突。阿拉伯军队盘踞在波斯东北的呼罗珊地区，对唐王朝影响和控制下的中亚地区采取打了抢、抢了就退回呼罗珊的战术。高宗对阿拉伯帝国渐生不满之意。龙朔元年（公元661年），即唐廷对高句丽用兵的那一年，卑路斯再次遣使向唐朝求援。这一次，高宗的态度有所松动。他派特使王名远赴中亚，于波斯疾陵城（今伊朗扎博勒）设立大唐波斯都督府，隶属安西大都护府，以卑路斯为都督。波斯都督府非常靠近阿拉伯人的统治核心地区，自建立之初就不断受到阿拉伯人的军事打击。而唐廷当时正忙于与吐蕃的争斗，无暇分身。卑路斯无法阻挡阿拉伯人的攻势，遂沿着丝绸之路一路东逃，于上元二年（公元675年）初抵达长安。高宗册封他为右威卫将军，并专门为他在长安修建了一座拜火寺（波斯人崇信拜火教）。仪凤二年（公元677年），卑路斯病死于长安，其子泥涅师袭位。

裴行俨之计其实就是四个字：假途灭虢。此时的阿拉伯帝国已进入倭马亚王朝[21]时期，即我国史书中的白衣大食，十分强盛。唐廷无意与之为敌，纯

㉑ 倭马亚王朝，中文又译伍麦叶王朝、奥美亚王朝，是阿拉伯伊斯兰帝国的第一个世袭制王朝。在伊斯兰教最初四位哈里发（即所谓“纯洁的哈里发”或“正统哈里发”）（接上页）执政结束后，由前叙利亚总督穆阿维叶（即后来的哈里发穆阿维叶一世）所创建。统治时间自公元661年始，至公元750年终。该王朝是穆斯林世界史上最强盛的王朝之一。倭马亚家族是麦加阿拉伯贵族古莱什部落12支系中最强盛的一支，为公元4世纪古来氏族部落著名首领库赛伊的长子阿卜杜勒·马纳夫的族裔延续。“倭马亚”一名，得自阿卜杜勒·马纳夫的后代倭马亚·伊本·阿卜杜勒·沙姆斯的名字。倭马亚王朝建立后因其崇尚白色，故中国史书称其为“白衣大食”。

属利用泥涅师，名为送波斯王子回国，实为消灭阿史那都支和李遮匐。

◆ 假途灭虢

为了麻痹西突厥人，裴行俨根本就没带什么兵马。他带着泥涅师，一行人一路西行，穿越莫贺延碛沙漠，于七月抵达西州城（治今新疆吐鲁番东南）。裴行俭在当地招揽贤俊，共得一千余人。此后，他借口天气炎热，不宜远行，公然宣称待秋凉再西行。阿史那都支和李遮匐本已准备抗拒唐军，听说此消息后，信以为真，遂不设防备。裴行俭又将四镇诸胡酋长招来开会，对他们说："昔在西州，纵猎甚乐，今欲寻旧赏，谁能从吾猎者？"诸胡子弟真以为他要去打猎，因此踊跃报名，争请从行。裴行俨因此又得了一万生力军。

数日后，他突然下令，倍道西进。大军进抵距离阿史那都支部落仅十余里的地方。裴行俭先派人向阿史那都支问好，随后又派使者邀请他们前来相见。阿史那都支本打算待秋后再反唐，哪想到裴行俭一下子就来到了眼皮子底下，根本不敢轻举妄动。为了稳住裴行俭，阿史那都支只得率五百余骑出迎。裴行俭立即将他扣押。随后，他逼着阿史那都支交出令箭，以其令箭召阿史那都支麾下各部的酋长前来听命。各酋长不明就里，全都上了当。裴行俭将这些人一并执送碎叶城，同时派出轻装精锐骑兵，昼夜兼程，进袭李遮匐。大军行进途中恰遇李遮匐使者，即令其返回劝谕李遮匐，并讲明阿史那都支被擒等情况。西突厥大小酋长全部被擒，任他李遮匐有通天之能，也是无力回天。因此，李遮匐只能选择投降。

至此，此次行动的目的完全达到。裴行俭出长安时，只有随行使团数百人，他靠一己之力招募起万人的军队，却一仗都没打，就擒获了阿史那都支和李遮匐。西突厥既已收复，泥涅师也就失去了利用的价值。裴行俭让他独自返回波斯。泥涅师无奈，在吐火罗的帮助下，召集了数千追随者，但终未成气候，人们见大势已去，渐次离散。随后，泥涅师客居吐火罗 20 余年，未能实现光复梦。唐中宗景龙元年（公元 707 年），被阿拉伯人逼得无处藏身的泥涅师再次东逃入唐，不久后即病死。

裴行俭留得力部下、副使王方翼于安西，令其加筑碎叶城，随后亲自押着阿史那都支和李遮匐返回长安。

裴行俭不费一兵一卒就剿灭了西突厥反唐势力，可谓立下了盖世奇功。高宗亲自设宴慰问，并高兴地说："裴行俭率领孤立无援的军队，深入到万里以外，不用作战就捉拿了叛党，平息了叛乱，可以说是文韬武略集于一身了，可得同时授予文臣武将两种官职。"他当即任命裴行俭为礼部尚书，兼检校右卫大将军。裴行俭至此成长为高宗朝仅次于李勣和苏定方的第三位帅才。

4. 第三次唐西战争

◆ 威震西域王方翼

裴行俭归国后，弹压西突厥，遏制吐蕃人的重任就留给了王方翼。

王方翼是裴行俭一手发掘的人才。他出身名门，其祖父王裕武德年间官至隋州（今湖北随州）刺史，其祖母则是高祖的妹妹、太宗的姑姑同安大长公主，其父王仁表贞观时曾任岐州（今陕西凤翔）刺史。

王方翼幼时丧父，与母亲李氏相依为命，博得"孝童"的美称。后来，李氏因与婆婆同安大长公主关系不和睦，被大长公主将他们母子赶到乡下的凤泉别墅。家庭的骤变，对王方翼的成长影响极大。凤泉别墅时年久失修，显得异常萧条荒凉。王方翼和仆从一起开荒垦地，植树造林，缮修房舍，经过几年的辛勤劳动，居然拥有良田数十顷，房前屋后都长满了灌木竹林，俨然又恢复了昔日官室的面貌。通过这一段的劳动磨炼，王方翼接触到下层劳动人民的一些疾苦，这对于他以后居官清廉，比较关心人民生活以及养成坚强的毅力奠定了坚实的思想基础。在凤泉别墅居住期间，王方翼还坚持每天练武学艺，练出了一身真功夫，希望有一天能跃马弯弓于疆场为国家效力。后来，王方翼被召回京城加入了皇家御林军担任了右千牛职务。不久，同安大长公主去世，王方翼一家又重新搬回京城长安居住。

贞观二十三年（公元 649 年），太宗崩而高宗立。翌年，王方翼的堂妹王氏被册封为皇后。王方翼也时来运转，被调任安定（今甘肃泾川）县令。在任职期间，王方翼奖励耕织，致力于发展生产，打击土豪劣绅，镇压了为害乡里的恶霸皇甫氏，令当地人民拍手称快。安定县以此盗贼惕息，合境平安，王方翼也因政绩卓著受到朝廷的嘉奖。

正当王方翼在事业上蒸蒸日上，准备大展宏图的时候，忽然传来母亲病逝的噩耗，他只好卸任赶回长安家中奔丧。居丧期间，他的一位好友因触犯刑律被处以死刑，正法以后，暴尸街头，无人敢收。王方翼不怕株连，毅然前往法场，为朋友收敛了尸体，并依礼埋葬。当时负责保卫京城、执行巡逻任务的金吾尉认为他的行为藐视国法，提出弹劾。唐高宗闻讯，认为王方翼的做法尽管不可取，但他不顾个人安危，见义忘利的精神却十分难能可贵，于是下诏对他免予追究。从此，王方翼名声大噪。

服丧期满以后，王方翼立即被任命为肃州（今甘肃酒泉）刺史。肃州地处河西走廊咽喉之处，为“丝绸之路”的必经之地，也是唐王朝与西域及中亚各地联系的重要门户，同时它还担负着南拒吐蕃、北抗突厥的任务，战略地位非常重要。但是，由于战争的破坏，州城荒毁，又没有壕堑护城，经常受到西突厥的骚扰，搞得当地民不聊生。

王方翼上任以后，亲自发动士卒临筑城垣，又引多乐水环城为壕，加强了防务。他又拿出自己多年来积攒下的一点私财在水边建造了水碾、水磨，为民造福。百姓加工米面，只收取少微的加工费，然后又将其盈利用于赈济饥民，修筑了数百间房屋，供饥民避寒居住。当时正值河西走廊发生了严重的蝗灾，其他州县的贫民常有因冻饿而死于道路的，而肃州人民却很少死于灾荒。肃州百姓非常感激. 特地为他立碑，纪其功德，颂其德政。

调露元年（公元 679 年），裴行俭平定阿史那都支后，保荐王方翼为检校安西都护，令其加筑碎叶城（碎叶城，即今阿克・贝希姆遗址，位于今吉尔吉斯斯坦楚河州托克马克市西南 8 千米处）。太宗贞观三年（公元 629 年），玄奘曾在这里会见西突厥统叶护可汗，并得到可汗所赠丰厚资助及通行国书。中国历代以来，在西部地区设防最远的一座边陲城市就是碎叶城，战略位置十分重要。据郭沫若考证，唐代大诗人李白就出生在碎叶城内一个富商之家。李白在碎叶一直长到五岁，幼小时，其父就在这里教他读司马相如的辞赋。

王方翼接到裴行俭的命令后，马上星夜兼程驰赴安西，立即对碎叶城进行修缮及加筑。经过王方翼的加筑后，碎叶城共四面 12 门，“皆屈曲作隐伏出滑之状，五旬而毕”。然后，王方翼又招徕西域各族贵族，使“由域胡纵观，莫测其方略，悉献珍货”。

◆ 平定阿史那车簿

但西突厥的安定局面却仅仅维持了三年。

永淳元年（公元 682 年）二月，西突厥酋长阿史那车簿率十箭部落反唐。

高宗马上就想到了裴行俭。四月，他以礼部尚书、闻喜宪公裴行俭为金牙道行军大总管，帅右金吾将军阎怀旦等三总管分道讨西突厥。然而，大军尚未开拔，裴行俭便去世了，享年六十四岁。高宗下诏，追认裴行俭为幽州都督，谥号为“献”，并令皇太子派遣官员管理他的家事，直到其子孙能够自立才止。

此时，阿史那车薄正在率军围攻弓月城（今新疆霍城西）。高宗只得调王方翼为庭州（治今新疆吉木萨尔）刺史，令其反击叛军。王方翼亲率大军急趋危城，与阿史那车薄的叛军在伊犁河遭遇，发生激战。唐军大败西突厥军，斩首千余级。

但是，西突厥贵族并不甘心他们的失败，在阿史那车簿的煽动下，三姓贵族咽面又率领 10 万之众加入叛军。他们联合起来，气势汹汹地向王方翼军扑来。王方翼率军屯兵于热海（今苏联伊塞克湖），严阵以待。这一仗打得非常激烈艰苦，王方翼身先士卒向敌阵冲去，流矢射中他的胳膊，鲜血直流，王方冀抽佩刀断去箭簇，仍坚持战斗。在他的带领下，士兵们深受鼓舞，士气高涨，越战越勇，终于击溃了咽面的进攻。咽面一看强攻不行，决定改变策略，阴谋策动王方翼军中的少数民族士兵倒戈，让他们捉拿王方翼接应突厥军。王方翼洞悉了咽面的阴谋，以召集军事会议为名，把通敌的首要分子全部集中到中军帐中，然后拿下斩首示众。通过这次整顿军队，王方翼消除了军中存在的不稳定因素，加强了部队的凝聚力，使唐军的战斗力大大加强。

后来，王方冀又趁刮大风之机，主动出击。他命令擂响战鼓，指挥部队向突厥军发起了猛烈的进攻。咽面被这突如其来的进攻吓昏了头脑，分不清究竟有多少唐军向他们冲来，仓皇之间，来不及应战，就随四下溃散的部属忙于逃命。是役，唐军歼敌 7000 余人。王方翼又乘胜追击，派骑兵分道袭击逃散的突厥兵，生擒其头目突骑施等 300 余人，彻底粉碎了西突厥贵族分裂国家的罪恶阴谋。

阎怀旦等人正要整军西征，王方翼的捷报便传来了。为了表彰他为维护国家统一所做出的巨大贡献，高宗擢升他为夏州（今陕西横山）都督。王方翼脱去战袍，走马上任以后，正值当地瘟疫肆虐，耕牛几乎死亡殆尽，百姓无法耕地下种，只好携儿拖女，逃亡他乡。面对这种残破的社会景象，王方翼丝毫也没有流露出气馁的情绪。他耐心地查阅了大量古籍，参照前代方式发明了一种新式的耕地农具。这种农具“施关键，使入推之”，“力省而见功多”，称为“耦耕法”。这种方法推广到各县，有力地推动了当时农业生产的发展。

永淳二年（公元 683 年），王方翼奉召进京，在奉天宫受到唐高宗的热情接见。高宗设盛宴款待了这位凯旋的英雄，席间详细询问了西域边事，见他衣服上还残留有血迹，惊问其故。王方翼详细汇报了热海苦战的情况，唐高宗命其袒臂，亲视其疮，感叹良久，下令对他褒奖。但是，这时王方翼的堂妹王皇后已被废为庶人，他也因为是废后的亲属，没有能够受到重用。只能返回夏州。

如果从乙毗咄陆算起，到阿史那贺鲁和阿史那都支，再到阿史那车簿，西突厥四代领导人，持续对抗唐廷达四十余年之久。唐廷先后数次对其用兵，大规模的战争就达三次之多，最终彻底征服了这个强敌。

自永淳元年（公元 682 年）以后，西突厥的反唐运动便消失匿迹了，究其原因，体现在两方面：一方面是其实力的自然消弭；另一方面则是因为其受到了另一个强敌的侵掠，散亡略尽。这个强敌便是崛起于高宗朝后期的东突厥余孽——后突厥汗国……

第九章

按下葫芦浮起瓢

——唐朝弹压突厥复国运动

1. 高侃击灭车鼻汗

我们知道，贞观四年（公元630年）初，唐军主力击败东突厥军主力，颉利被擒，东突厥部落大部分降唐。但仍有一部分不愿意降唐的突厥部众在坚持斗争。这部分突厥人决心寻找一个新的领袖来带领他们。他们看中了东突厥的小可汗车鼻。

东突厥仿效早先的突厥汗国，也施行二元体制，有大、小可汗之分。启民一脉，始毕、处罗、颉利三兄弟相继担任大可汗，而小可汗的继承权则一直在车鼻家族。

颉利被唐廷擒获后，东突厥残部便想推举车鼻做大可汗，继续与薛延陀和大唐为敌。但车鼻既不敢开罪唐廷，更不敢得罪当时称雄漠北的薛延陀，因此便拒绝了大可汗之位，转而率部众归降了薛延陀。没想到，他归降薛延陀后不久，就有人向薛延陀真珠可汗夷男进言："车鼻贵种，有勇略，为众所附，恐为后患，不如杀之。"夷男还没动手，车鼻便收到风声逃了。夷男派数千骑兵追击车鼻。车鼻索性"勒兵与战"，竟大破薛延陀人马。他建牙于金山之北，自称乙注车鼻可汗。那些不肯臣服唐廷的突厥余众渐渐汇集到他的旗帜之下，"数年间胜兵三万人"。

车鼻以薛延陀为头号强敌，时常派兵抄掠薛延陀。贞观十九年（公元645年），夷男死，其子多弥可汗继立。多弥可汗趁唐太宗东征高句丽未还，引兵攻河南朔方郡，但唐廷早有防备，薛延陀不仅未能攻克朔方，而且还开罪了唐朝这个强敌。翌年，薛延陀内有贵族内讧，外有唐廷相逼，多弥可汗知大势已去，自行遁去，后被回纥人所杀。薛延陀诸部另立夷男的侄子咄摩支为可汗。咄摩支遣使向唐朝表示“愿保郁督军山”。但唐廷不仅不予理会，反而派李勣率军征讨。咄摩支大败，被迫降唐。薛延陀正式退出历史舞台。

薛延陀败亡后，车鼻意识到不可与唐廷为敌。因此，他派儿子沙钵罗特勒入朝，并宣称自己也要亲自入朝。太宗觉得他很识相，立即派云麾将军安调遮、右屯卫郎将韩华前去迎接。但车鼻其实只是随口说说，并无入朝之意。为了完成使命，右屯卫郎将韩华决定将车鼻劫往长安。但此事被车鼻发觉，安调遮、韩华均被杀害。太宗震怒，于贞观二十三年（公元649年）正月，以右骁卫郎将高侃为统帅，率回纥、仆骨等部人马攻打车鼻。联军攻入车鼻境内，其麾下部落相继来降。就在高侃西征期间，太宗驾崩，高宗即位。十月，唐廷在突厥故地置舍利等5州，隶属于云中都督府（治今内蒙古和林格尔西北土城子）；苏农等6州，隶属于定襄都督府（今内蒙古二连浩特市东北）。永徽元年（公元650年）六月，高侃大军进抵阿息山（似为蒙古察斯图博格多峰）。车鼻欲召集各部负隅顽抗，但所部皆不赴战，他只好率领数百骑逃去。高侃果断地率精骑追击，于金山捕获车鼻，其众全部归降。

九月初四，高侃押送车鼻可汗回到京城长安。高宗不仅免了车鼻的死罪，而且还加封他左武卫将军，将其余众安置于郁督军山（今蒙古杭爱山）一带地区，并建狼山（今内蒙古杭锦后旗西北）都督府以统率他们。至此，东突厥全部成为大唐的封内之臣。

为了对东突厥余众实施有效的管理，唐廷分设了单于（治今内蒙古和林格尔西北土城子）和瀚海（治今蒙古哈尔和林西北）两个都护府。单于都护府下辖狼山、云中、桑干三个都督府。瀚海都护府下辖瀚海、金徽、新黎等七个都督府。都护府、都督府均实行“以突治突”体制，“各以其酋长为都督、刺史”。

从此以后，唐廷北疆安定，“自永徽以后，殆三十年，北鄙无事。”高侃也籍此一战成名，此后他接连出任北庭安抚使、安东都护等实权要职，成为高宗初期的一员名将。高侃共有三子，其第三子高崇文生了一个儿子。此子就是写出“莫愁前路无知己，天下谁人不识君”的唐代著名边塞诗人高适。

2. 突厥人的第一次复国尝试

此后的近三十年之间，东突厥故地一直比较平稳，直到调露元年（公元679年）。

在这三十年间，东突厥尝尽了寄人篱下的苦闷，再加上唐廷总是征召他们去打仗，因此他们对唐廷的不满与日俱增。恰巧此时，唐廷在咸亨元年（公元670年）的大非川之战、仪凤三年（公元678年）的青海之战中均惨败给了吐蕃，损兵折将。为了防御吐蕃，唐廷将主力都布置在了西线上，对北线的控制有所削弱。东突厥贵族觉得，这是他们复国的天赐良机。

就在裴行俭生擒西突厥的阿史那都支后不久，调露元年（公元679年）十月，单于都护府下属突厥酋长阿史德温傅、阿史德奉职率所辖二部反唐，他们拥立阿史那泥熟匐为可汗。两大都护府境内，“二十四州酋长皆叛应之，众数十万”。高宗立即派单于大都护府长史萧嗣业、右领军卫将军花大智、右千牛卫将军李景嘉等将兵讨之。萧嗣业等屡战屡捷，因此滋生了麻痹轻敌的思想。适逢天降大雪，阿史德温傅、阿史德奉职夜袭唐营。主帅萧嗣业不明就里，仓皇撤退，致使唐军大败，“死者不可胜数”。花大智和李景嘉率领步兵且战且退，得以逃入单于都护府。战后，高宗龙颜大怒，将萧嗣业流放桂州，花大智和李景嘉一并免官。

为了防备突厥人可能的进攻，高宗又以左金吾卫将军曹怀舜、右武卫将军崔献分屯井陉和龙门。但阿史德温傅、阿史德奉职并没有入寇，而是煽动帝国东北的奚、契丹侵掠营州。营州都督周道务派麾下的户曹唐休璟迎战两蕃。

唐休璟，名璿，字休璟，京兆始平（今陕西兴平）人。他幼年丧父，先后拜马嘉运、贾公彦为师，学习《易经》《礼经》，后考中明经科。永徽年间，唐休璟担任吴王府典签，但没有显示什么才能，改任营州（今辽宁朝阳）户曹。没想到，这个小小的户曹竟然在独护山大破突厥，遏制了突厥人的势头。高宗大为高兴，庆幸自己又发现了一个人才，立即擢升唐休璟为丰州（今内蒙古五原南）司马。

萧嗣业铩羽而归，高宗又想到了老帅裴行俭。十一月，他以裴行俭为定襄道行军大总管，西军检校丰州都督程务挺、东军幽州都督李文暕二部并受裴行俭节度，全军共三十余万，讨伐东突厥人。

在这以前，萧嗣业运输军粮，多次被敌人抢走，士卒饥饿而死。裴行俭说："可以用计战胜敌人。"于是准备了三百乘假粮车，每乘车里埋伏五名骁勇的士卒，带着斩马的长刀、强劲的弓弩，用瘦弱的士卒拉车前进，还派精兵秘密地紧跟在后边。敌人果然来抢粮车，拉车的瘦弱士卒假装逃脱险境，敌人用马把车迅速拉到有水草的地方，解下马鞍，让马吃草。正要从车里拿粮食，骁勇的士卒猝然冲出，后边的伏兵恰好赶到，差不多将突厥军杀死或俘虏光了。从此没有哪股突厥军敢于走近粮车。

大军抵达单于都护府时，已是日暮时分，便就地安营扎寨，挖掘战壕。这时，裴行俭突然传令，让大军到高岗上扎营。将领们不解，都说："将士们已经安顿下来了，不能扰乱他们。"但裴行俭不听这些，催促唐军迁营。将士们无奈，只得听从。"是夜，风雨暴至，前所营地，水深丈余"。诸将对裴行俭是又叹又服，都问他是怎么知道的。但裴行俭只是笑着说："自今但从我命，不必问其所由知也。"

转眼进入永隆元年（公元680年）三月，裴行俭在黑山（今内蒙古自治区包头市西北）大破东突厥军主力。可汗阿史那泥熟匐"为其下所杀，以其首来降"，阿史德奉职被生擒，阿史德温傅率残部走保狼山（今内蒙古自治区杭锦后旗西北）。高宗让户部尚书崔知悌赴定襄"宣慰将士，且区处余寇"。而裴行俭则率军还朝。

3. 突厥人的第二次复国尝试

但事情并没有就此停歇。裴行俭撤军后不久，阿史德温傅即从夏州（治所在今陕西省靖边县东北白城子）迎回颉利可汗的族侄阿史那伏念，北渡黄河，立为可汗，继续反唐。东突厥人马频繁骚扰唐境。

开耀元年（公元681年）正月，高宗再度以裴行俭为定襄道大总管，以右武卫将军曹怀舜、幽州都督李文暕为副，将兵讨之。

三月，曹怀舜作为前军，与突厥人接仗。有人告诉他说："阿史那伏念与阿史德温傅在黑沙北，左右才二十骑以下，可径往取也。"曹怀舜信以为真，留老弱于瓠芦泊，率轻锐倍道兼行，赶往黑沙。然而，等到了黑沙，他们却并未发现突厥一兵一卒。此时，人马已经十分疲顿，曹怀舜只得悻悻然地引兵撤退。大军走到长城北面时，阿史德温傅却突然出现了。两军小战，各引去。曹怀舜继续南归，行至横水，阿史那伏念又出现了。这一次，突厥人来势汹汹，锐不可当。曹怀舜、窦义昭、李文暕、刘敬同四军合为方阵，且战且行。如此过了一天，阿史那伏念趁着北风起，猛攻唐军。唐军大败，死者不可胜数。曹怀舜收拢散卒，“敛金帛以赂伏念，与之约和，杀牛为盟”。阿史那伏念撤军北归，曹怀舜等人才得以撤回国内。高宗暴怒，于五月将曹怀舜流放岭南。

来，送你一张飞机票，去吃荔枝。

裴行俭所部屯驻于代州的陉口。他派出大批间谍潜入突厥，离间阿史那伏念与阿史德温傅的关系。两人“浸相猜贰”，开始不和。趁着阿史那伏念率轻骑袭击曹怀舜所部的机会，裴行俭派何迦密、程务挺偷袭了阿史那伏念的根据地——金牙山，将其妻子辎重全部缴获。阿史那伏念虽然打败了曹怀舜，但妻子辎重尽失，且“士卒多疾疫”，只得“引兵北走保细沙”。裴行俭立即派刘敬同、程务挺追击。阿史那伏念想将阿史德温傅执送唐廷以自赎，但又觉得道路偏远，“唐兵必不能至”，因此“不复设备”。没想到，刘敬同、程务挺很快就杀到了他的眼皮子底下。阿史那伏念无奈，打算投降唐廷。

几天后，唐军大营的斥候突然发现，尘土冲天，向南滚来，立即向裴行俭报告。将士们还以为阿史那伏念倾巢来袭，都十分惊恐。但裴行俭却十分镇定地说：“此乃伏念执温傅来降，非他盗也。然受降如受敌，不可无备。”他立即下令将士们严阵以待。少顷，阿史那伏念果然绑着阿史德温傅，径至唐军营门前，向裴行俭请降。他请求裴行俭向高宗求情，不要杀他。裴行俭一口答应。

至此，突厥人的第二次复国尝试归于失败。裴行俭“尽平突厥余党，以伏念、温傅归京师”。十月，裴行俭抵达长安，向高宗献上俘虏。高宗十分高兴，下诏改来年为永淳元年（公元 682 年）。但是在如何处置阿史那伏念的问题上，他并没有听从裴行俭的意思。这是因为，当时的宰相裴炎嫉妒裴行俭的功劳，极力唆使高宗杀死阿史那伏念等人。最终，高宗不顾裴行俭的反对而杀掉了阿史那伏念、阿史德温傅等五十四人。裴行俭无法阻止，只能慨叹说：“但恐杀降，无复来者。”此后，他心灰意冷，便称疾不出。唐高宗对降者不予宽容，反加杀害，为突厥上层人物的再次叛唐，埋下祸根。

翌年，西突厥也开始闹了。西突厥酋长阿史那车簿率十箭部落反唐。高宗马上就想到了裴行俭。四月，他以礼部尚书、闻喜宪公裴行俭为金牙道行军大总管，帅右金吾将军阎怀旦等三总管分道讨西突厥。然而，大军尚未开拔，裴行俭便去世了，享年六十四岁。裴行俭其人，几乎可以用“突厥人的克星”来概括。无论是东突厥、还是西突厥，碰到裴行俭，除了失败，还是失败。裴行俭死后，东突厥人就看到了复国的希望。

4. 后突厥汗国建立

就在王方翼削平西突厥的那一年，东突厥又冒出了一个反唐骨干分子，此人名叫阿史那骨咄禄，与当年的颉利可汗是同族。

阿史那骨咄禄的祖父本是单于都护府云中都督舍利元英属部的酋长，世袭吐屯之职。阿史那伏念被杀的消息传来后，阿史那骨咄禄立誓复国，他率17人出走，逐渐聚众至700人，并占领了黑沙城（今内蒙古自治区呼和浩特市北）。此后，他通过招集阿史那伏念亡散残部的办法，使部众增至5000人，并抄掠九姓铁勒大批羊马，从而势力逐渐强盛，自立为颉跌利施可汗。东突厥正式复国，为了区别于颉利的东突厥汗国，我国史家称之为后突厥汗国。

其时，单于都护府检校降户部落（官名）阿史德元珍因犯法被长史王本立囚禁。阿史那骨咄禄兴兵犯唐，直取单于都护府。阿史德元珍便忽悠王本立说，他可以说服阿史那骨咄禄撤兵。王本立信以为真，竟真的派阿史德元珍去阿史那骨咄禄大营中说服其退兵。结果可想而知，阿史德元珍到达敌营后，立即向阿史那骨咄禄投降。阿史那骨咄禄任命他为阿波达干，统率全部兵马。二人联手，所向披靡，接连攻陷并州（治所在今山西省太原市西南）及单于都护府（治所在今内蒙古自治区和林格尔县西北）北境，并斩杀了唐岚州（治所在今山西省岚县北岚城）刺史王德茂。

此时，李勣、苏定方、裴行俭均已谢世，朝中乏人。高宗就又把薛仁贵给抬了出来。

薛仁贵因在咸亨元年（公元670年）的大非川之战失败而被削职为民。但高宗心里始终还是有他的。不久后，高句丽余孽掀起反唐叛乱。高宗趁机重新启用薛仁贵为鸡林道总管，经略高句丽故地。上元年间，薛仁贵又因为某事被贬，发配象州，碰上朝廷大赦才得以回家。开耀元年（公元681年），高宗念及薛仁贵旧功，召见薛仁贵，对他说：“往九成宫遭水，无卿已为鱼矣。卿又北伐九姓，东击高丽，汉北、辽东咸遵声教者，并卿之力也。卿虽有过，岂可相忘？有人云卿乌海城下自不击贼，致使失利，朕所恨者，唯此事耳。今西边不静，瓜、沙路绝，卿岂可高枕乡邑，不为朕指挥耶？”于是，他再度启用薛仁贵为瓜州长史。不久，又授薛仁贵以右领军卫将军，检校代州都督。此时，薛仁贵已经六十七岁了。

薛仁贵复出后的第二年就赶上了阿史那骨咄禄反唐。阿史德元珍率军围攻云州。高宗就派薛仁贵去救援云州。两军阵前，阿史德元珍问：“唐朝的将领是谁？”薛仁贵回答说：“薛仁贵！”阿史德元珍不信：“吾闻仁贵流象州，死久矣，何以绐我？”薛仁贵摘下头盔，示以本来面目。突厥将领相顾失色，竟“下马列拜”。薛仁贵乘势追击，大败突厥，斩杀突厥军上万人，俘虏三万人，夺取驼马牛羊三万余头，取得云州大捷。

只可惜，第二年初（弘道元年即公元683年），薛仁贵便去世了。高宗极为悲恸，下诏追认薛仁贵为左骁卫大将军、幽州都督，并由朝廷提供车马，护送其灵柩返回故乡绛州龙门（今山西河津市）安葬。

薛仁贵刚死，突厥人再次入寇。三月，阿史那骨咄禄、阿史德元珍围攻单于都护府，杀害了都护府司马张行师。高宗被迫调胜州都督王本立、夏州都督李崇义将兵分道救之。

五月，阿史那骨咄禄又进犯蔚州（今河北省蔚县），杀蔚州刺史李思俭。丰州（今内蒙古五原南）都督崔智辩将兵与其战于朝那山北，结果却为阿史那骨咄禄所生擒。朝廷震动，多数大臣都主张放弃丰州，将百姓迁至灵州、夏州一带。丰州司马唐休璟上表，提出不同看法：“丰州阻河为固，居贼冲要，自秦、汉以来，列为郡县，土宜耕牧。隋季丧乱，迁百姓于宁、庆二州，致胡虏深侵，以灵、夏为边境。贞观之末，募人实之，西北始安。今废之则河滨之地复为贼有，灵、夏等州人不安业，非国家之利也！”高宗最终听从了他的意见，没有放弃丰州。

但此时唐高宗的身体已经非常虚弱了。十一月，他下诏任命程务挺为单于道安抚大使，招讨阿史那骨笃禄等人。一个月后的十二月丁巳日（12月27日），高宗驾崩于贞观殿，年五十五。

高宗在位的34年间，平百济，败倭国，灭高句丽，收西突厥，除了败给吐蕃外，几乎是屡战屡胜。后突厥是他后半生遇到的又一个强敌。如果上天肯再给他一些时间的话，后突厥问题绝不会留到唐玄宗时期。但天不假年，后突厥方兴未艾，高宗注定只能带着无尽的遗憾故去了。